CHRISTINA WESSELY

LIEBESMÜHE

Hanser

1. Auflage 2024

ISBN 978-3-446-27945-2

Umschlag: zero-media.net, München
Motiv: © FinePic®, München
Satz: Satz für Satz, Wangen im Allgäu
Druck und Bindung: GGP Media GmbH, Pößneck
Printed in Germany

FSC www.fsc.org
MIX
Papier | Fördert gute Waldnutzung
FSC® C014496

für A.

PROLOG: SCHREIBEN

Ganz still sitzt sie da, um ihn nicht zu wecken. Die Beine dürfen nicht übereinandergeschlagen werden, schon der Versuch, sich ein Kissen unter den Ellenbogen, unter den schon schmerzenden Arm zu schieben, könnte seinen Schlaf stören. Sollte er aufwachen, müsste sie die letzte halbe Stunde wiederholen, das Wiegen, das Singen, das sanfte Schaukeln, immer in der Hoffnung, sich dann an der richtigen Stelle niederzulassen, um ihm und ihr selbst ein wenig Ruhe zu verschaffen. Die Wohnung ist ihr zum Meer geworden mit freundlichen und mit kargen Inseln darin. Nie weiß sie, auf welchem Teil des Archipels sie landen wird. Auf dem Sofa, auf dem sie schon vorab in ängstlicher Voraussicht das Buch deponiert hat, das aufzunehmen ihr, kleinste Bewegungen vollführend, gelingen könnte, um ganz ruhig zu lesen, die Seiten mit dem Mund umblätternd, denn die Hände müssen eng am Körper ihres Sohnes bleiben. Oder zumindest auf dem Sessel müsste sie anlanden, das Telefon in Reichweite ebenso wie die Decke, die sie, wenn es gelingt, um ihre kalten Füße wickeln könnte. Manchmal kommt es vor, dass das wenige Wochen alte Kind ungewöhnlich schnell einschläft, wenn sie die wiegenden, besungenen Bahnen, die sie zieht, eigentlich nur für kurze Momente auf einem kleinen Schemel unterbrechen wollte. Sie hat gelesen, dass Neugeborene eigentlich nicht einschlafen, sondern vom Schlaf übermannt werden; diese Tatsache gefällt ihr sehr, aber sie führt eben auch dazu, dass sie immer wieder an den falschen Plätzen strandet, an jenen, die nur als Zwischenstationen geeignet sind, nicht aber für den langen Aufenthalt. Dann sitzt sie da, oft starr und frierend, fernab von allem, was die Zeit verkürzen könnte.

Falsch: Die Zeit kann gar nicht verkürzt werden, denn sie ist ihr abhandengekommen. Zwar bemerkt sie, dass die Sonne aufgeht, gegen Mittag ihren höchsten Stand erreicht und schon am späten Nachmittag wieder untergeht, um vielen dunklen Stunden Platz zu machen, sie registriert den noch unregelmäßigen Rhythmus des Kindes aus Schlafen, Trinken und Wachen, aber dieser Wechsel gehört nicht mehr der Zeit der Geschichte an, die, gleichmäßig fließend, Ereignisse miteinander verbindet. Es ist die Zeit des Mythos, in deren endlosen Kreislauf sie mit seiner Geburt eingetreten ist. Vergangenheit, Gegenwart und Zukunft sind seit jenem Ereignis ununterscheidbar geworden. Was noch vor wenigen Wochen Geschichte war, stellt sich nun dar als Zyklus, ohne Anfang und ohne Ende. Kaum ist sie in der Lage, darüber nachzudenken, wie es gelingen *könnte*, den Kreislauf zu durchbrechen, kaum möglich ist es ihr, sich vorzustellen, wie diese Tage, die sie durchlebt, einer dem anderen gleich, in der Rückschau zu beurteilen sein werden: wie es gewesen sein wird. Selbst die grammatikalischen Formen, derer diese Gedanken bedürfen, sind für sie zu allegorischen Figuren wie aus dem antiken Epos geworden: Sie fesseln sie mit festen Zeitschnüren, verwehren Ausblicke in mögliche Welten mittels spiegelnder Oberflächen. Immer nur kann sie sich *jetzt hier* sitzen sehen, das Kind auf dem Arm. Der Konjunktiv als dunkler Gott der Möglichkeitsform, das Futur II als Satyr der abgeschlossenen Vergangenheit. Sein meckerndes Lachen klingt, wenn er sich ihr, uneinholbar, entzieht, frivol und höhnisch.

Das Kind war nicht mit der unmöglichen Aufgabe auf die Welt gekommen, die Leere im Leben seiner Mutter füllen zu müssen. Sie liebte ihre Freunde, kluge, warmherzige und lustvolle Menschen. Es gab die einen, mit denen man sich am frühen Samstagnachmittag auf einen Kaffee in einer der vielen türkischen Bäckereien traf, wo man von Kaffee mühelos auf Rotkäppchensekt umsteigen konnte, und mit denen man sich nach der langen Nacht in einem der Clubs am Wasser wieder in der Ausgangsbäckerei einfand, um sich bei Mettbrötchen und einem kleinen Bier auf Stunden vor dem Fernseher auf der Couch vorzubereiten, bevor man dann richtig ins Bett ging oder auch nicht. Endlose Tage, die nach Belieben gestaltet werden konnten. Mit anderen verabredete sie sich in verrauchten Kneipen, manchmal spielten sie Karten, meist aber blieb das abgegriffene Kartenspiel ungeöffnet vor ihnen auf dem Tisch liegen, und es wurde geredet und gelacht bis weit in die Nacht hinein.

Sie liebte den Mann, mit dem sie zusammen war – er war nicht der Bodenständigste, und er machte keine lebenslangen Versprechungen, aber das spielte noch keine Rolle, sie fand ihn schön und sehr lustig. Mit ihm konnte man zu zweit eine glamouröse Tanznacht in der Küche inszenieren, einfach so, spontan nach dem Abendessen, und er war ein fantastischer Liebhaber. Und sie liebte ihren Beruf, das Unterrichten ebenso wie die langen, staubigen Tage in Archiven und Bibliotheken und die wissenschaftlichen Konferenzen, auf denen sich viel zu lange Vorträge mit umständlichen Mitgliederversammlungen abwechselten und es jedes Mal ein herrliches Vergnügen war, gelegentlich eine Sektion gemeinsam mit Kolleginnen bei billigem Supermarktsekt im Park nebenan zu schwänzen. Sie liebte die Wochenenden auf dem Land, im Museum, in der Sauna, im Theater, im Restaurant, beim Joggen, Schlafen, Lesen, Tanzen. Und die Abende unter der Woche, wenn sie eigentlich müde war von der Arbeit, die dann aber doch so oft erst mitten in der Nacht endeten, doch noch ein Drink, noch eine Zigarette, aber vor neun musste sie fast nie aufstehen, also war das halb so schlimm. Wenn sie sich allerdings vorgestellt hatte, dass ihr Leben in fünf, zehn, zwanzig Jahren immer noch so aussehen könnte, hatte sie der kalte Schrecken überfallen. Diese Art, zu leben, alterte nicht gut, das war ihr bewusst gewesen, und bald würde sie verzweifelt sein. *Alle anderen* wären weitergegangen, hätten sich *weiterentwickelt*, nur sie hätte den *Absprung verpasst* – die Ängste einer Frau um die vierzig waren derartige kulturelle Gemeinplätze, dass es fast langweilig war, sie zu teilen. Das galt auch für ihre große Sehnsucht danach, für jemanden zu sorgen, die Sehnsucht nach Festigkeit, Unverhandelbarkeit und lebenslanger Dauer.

Sie hatte sich keine Illusionen über das Leben mit Kind gemacht, wusste, dass nicht alles Zirkus und Kasperltheater werden würde (obwohl sie sich in ihrer Vorstellung immer dort mit ihrem Sohn sah), aber dass sie von einem Moment auf den anderen in die Hölle der ewigen Wiederkehr geworfen sein würde, dass die Historizität ihres eigenen Daseins zugunsten eines solchen Naturzustandes, der keine Geschichte kennt, verschwinden würde, schockierte sie.

Vor dem Fenster der Erdgeschosswohnung fällt der Schnee. Sie sitzt auf dem Sofasesselschemel und stilltsingtwiegt. Wie immer. Das Display des Telefons – zum Glück in Reichweite – leuchtet bleich in die Nachmittagsdunkelheit. Sie hat die Nachrichten gelesen, die Modeblogs, hat einige Rezensionen zu literarischen Neuerscheinungen überflogen, die Wettervorhersage für die kommenden Tage zur Kenntnis genommen, die Fotos des Kindes angeschaut. Fast immer schläft es auf den Bildern, winzig, in bunte Tücher gepuckt. Das Kind, das sie nicht kennt. Sie weiß nicht, wer es ist. Kaum ein einfacher Satz könnte mehr Schrecken bergen. *Ihr* Kind hatte sie freudig erwartet, in die Arme gelegt hat man ihr einen fremden Menschen. Er hat die Füße und Zehen seines Vaters, das ist das einzige vage Erkennungszeichen dafür, dass er etwas mit den Menschen, die seine Eltern sein sollen, zu tun hat. Das scheint ihr zu wenig zu sein, und doch: Mit ihm ist sie von nun an verbunden. Mit einem Mal versteht sie das Wort *Unentrinnbarkeit*. Niemals hat ihr etwas mehr Angst eingejagt.

Sie möchte verstehen, was passiert ist, was gerade in diesem zur Unendlichkeit gedehnten Moment in ihrem Leben geschieht, aber da es zu verschwommen ist, um jemandem davon zu erzählen, erzählt sie es sich selbst. Noch kein Schreiben ist dieses Erzählen, sondern ein Sprechen, das ihr Mobiltelefon – erst vor Kurzem hat sie die Funktion *Notizen* entdeckt und dort das kleine Mikrofonsymbol neben dem Leerzeichen – in Schrift verwandelt.

»Ich spreche schreibe damit ich sehe dass etwas passiert damit etwas passiert«, lautet der erste Eintrag vom 10. September 2019 (sie hat noch nicht gelernt, dass sie die Kommas ansagen muss, das Sprachverarbeitungsprogramm setzt sie nicht von selbst), »wenn der Text geschrieben ist wird etwas anders sein.«

Der Satz ist gleichermaßen als Beschreibung der Tatsachen zu verstehen wie als Ausdruck des magischen Denkens, dem sie damit anhängt. Jeder Buchstabe, der auf dem Display erscheint, ist Zeuge vom Vergehen von Zeit. Wenn es auch nur Sekundenbruchteile sind, die es braucht, um durch ihr Sprechen ein Zeichen zu produzieren, formieren sich diese Zeichen zusammengenommen doch zu Minuten und Stunden. Jeder fertige Satz steht für zehn Sekunden, oder zwanzig, jeder Paragraph zeugt bereits von mehreren Minuten, die für sein Entstehen aufgewandt werden mussten. War ihr der Zusammenhang von Schrift und Zeit in ihrem bisherigen Leben als Autorin von Büchern, Aufsätzen, Vorlesungen, Gutachten und Forschungsanträgen meist als etwas Bedrohliches erschienen (die *Deadline* ständig zu nahe, fast immer meinte sie, für zu wenige Sätze zu viel Zeit aufgewandt zu haben), lernte sie ihn nun schätzen. Der Text ist die sichtbare, schwarz leuchtende Spur des Zeitstroms, dessen Fließen so evident wird. Jede Zeile bestätigt die Möglichkeit der Auflösung des mythischen Zustandes, lässt den Sieg des Logos über den Mythos denkbar werden und nährt so die Hoffnung auf die Rückgewinnung von Geschichtlichkeit. Das Schreiben gerät zu einer existenziellen Tätigkeit. Solange sie schreibt, *ist* sie und *wird* sie sein.

So sitzt sie da, in ihr Telefon flüsternd, und manchmal, wenn ihr Sohn seinen Schnuller ausgespuckt hat und sie weiß, dass er nun tief schläft und nicht mehr durch die kleinste Irritation wach wird, gibt sie das Sprechen auf und fängt an zu tippen, um dem Schreiben, wie sie es kennt, näherzukommen.

Sie verfasst ihre Notizen zunächst in der ersten Person, sie schreibt *Ich*; aber es funktioniert nicht richtig, sie kann das Erlebte und Gedachte nicht gut in Worte fassen. Wie soll das auch gehen, wenn das Ich so brüchig, so verzweifelt und unklar geworden ist? Dass sie sich nur noch als Umkehrbild derjenigen verstehen kann, die sie einmal war, scheint ihr logisch. Aber sosehr sie auch nach den Qualitäten des Positivs sucht, um das Negativ besser umreißen zu können, es gelingt nicht. Die Beschreibung ihres verlorenen Selbst gerät zur verzweifelten Aneinanderreihung der dümmsten und uninteressantesten Plattitüden und lässt sie zur Verkörperung eines nicht besonders erfolgreichen Profils auf einer Online-Partnerbörse werden, oder – das trifft den verzweifelten Versuch, sich selbst anhand stichwortartig formulierter Eigenschaften und Vorlieben zu beschreiben, vielleicht noch besser – zur Person hinter dem Eintrag in einem der Freundschaftsbücher, die in der Volksschule reihum gingen: Lesen, Schwimmen, Radfahren. Sie erkennt sich nicht mehr, weiß nicht, wer sie war, wer sie geworden ist und wie Vergangenheit und Gegenwart sich zu einer kaum vorstellbaren Zukunft verhalten könnten.

Der Wechsel in die dritte Person ist wie eine Erlösung, lässt er sie vor sich selbst doch immerhin als die Fremde dastehen, als die sie sich empfindet. Mit einem Mal ist das Schreiben wieder eine lange eingeübte, von ihr gut beherrschte Handlung – eine vertraute Praxis, die sie als Historikerin schon viele Jahre ausübt, um Fremdes zu beschreiben: Menschen, Phänomene und Dinge, die ihr zeitlich entzogen sind, von deren Wegen und Eigenschaften nur Reste vorliegen. Sie hat den Eindruck, als wäre diese neue Textproduktion in den ersten Wochen ihrer Mutterschaft ihrer altbekannten Arbeit recht ähnlich – Sinn zu machen aus dem Unverständlichen und Entlegenen –, und diese Einsicht beruhigt sie ungemein. Nun kann sie jenem Unvertrauten mit der vertrauten Geste des Schreibens kontern. Sie weiß, dass jeder Gegenstand, sei er noch so fremd, durch seine Beschreibung näher rückt. Was im Forschungsprozess als Gefahr gehandelt wird, was die souveräne Distanz der Historikerin ständig zu bedrohen scheint, sehnt sie nun geradezu herbei: die Intimität zwischen der Forschenden und ihrem Objekt, zwischen der Schreibenden und ihrem Gegenstand. Das Schreiben ist eine mächtige Geste der Aneignung, in der Lage, das Fremde in Vertrautes zu verwandeln. Und darum geht es jetzt, mehr als um alles andere: um das Bannen der Angst vor diesem neuen Leben, um die Erzeugung von Nähe.

ZAUBER DES ANFANGS

Schon seit Mai herrscht Badewetter, die Wochen vor der Entbindung hat sie beinahe ausschließlich an Seen, Flüssen und in Schwimmbädern verbracht, im Schatten von Kastanien, in kühlen Zimmern ruhend, an manchen späten Abenden, wenn die Temperaturen erträglich geworden waren, auf den großen freien Plätzen ihrer Heimatstadt. Das Kind sollte in Wien auf die Welt kommen, wo sie in den letzten Zügen der Schwangerschaft noch mit riesigem Bauch in der Alten Donau schwimmen, in den Neustifter Heurigen sitzen und im Prater spazieren konnte und wo für die Zeit danach ihre Eltern da sein würden und die meisten der alten Freunde, die versprochen hatten, vorbeizukommen, wenn das Baby auf der Welt sei, für einen kurzen Plausch und mit Marillenknödeln und Gulaschsuppe im Gepäck.

Jetzt, Anfang August, brennt die Sommersonne immer noch jeden Tag vom Himmel, aber das Wetter spielt keine Rolle mehr. Nur nachts, wenn die Klimaanlage ausgeschaltet ist und die Fenster ihres Zimmers im Krankenhaus gekippt sind, bauschen sich manchmal die Polyestervorhänge und geben eine Ahnung davon, dass es ein Draußen gibt, in dem die tropischen Nächte noch nicht vorüber sind. Drei Tage ist sie erst hier, aber es kommt ihr vor, als wäre sie längst aus diesem Sommer herausgetreten, aus ihm und aus der Welt, über die er sich legt. Vor zweiundsiebzig Stunden ist ihr Sohn geboren worden. Keine halbe Stunde hat sie seitdem für sich und den Kleinen gehabt. Keine halbe Stunde Ruhe, keine halbe Stunde, um zu sich zu kommen, das Kind zu betrachten und gemeinsam mit ihm zu beobachten, wie sich alles anfühlt. Schon nach wenigen Stunden waren ihre Brüste hart wie Stein geworden, ständig musste sie bereits im Kühlschrank des Schwesternzimmers vorbereitete, mit Topfen gefüllte Kompressen auflegen. Nach spätestens zehn Minuten waren sie warm, das Wasser rann an den Seiten ihres Körpers hinab, durchnässte das Bett, das daraufhin – »nur ganz kurz aufstehen bitte« – neu gemacht werden musste, gebückt vor Schmerzen, die von dem langen Schnitt oberhalb ihrer Scham in den ganzen Körper ausstrahlten, wartete sie daneben. Kaum lag sie wieder, das Neugeborene auf dem Bauch, kam eine Hebamme zur Tür herein. »*You are a factory*«, sagte sie am Morgen von Tag drei strahlend und aufmunternd, als wären es gute Nachrichten, sich binnen kürzester Zeit in eine *Milchfabrik* verwandelt zu haben. Das Kind, das direkt nach seiner Geburt gierig getrunken hatte, müsse sich allerdings an die nun viel größeren Brustwarzen erst gewöhnen, sagte eine andere, die erschien, kaum hatte ihre Kollegin das Zimmer verlassen. Stillhütchen – Wörter und Dinge, die sie nicht kannte und nicht kennenlernen wollte, umstellten sie, schon in der Schwangerschaft hatte sie der ganz selbstverständliche Umgang, das unverschämte Sprechen über Körperteile, die ganz fröhlich und im Gestus feministischer Verschwörung aus der Sphäre des Erotischen gerückt wurden, irritiert (die Aufforderung zu »vertrauensvollen Damm-Massagen«, die vom Vater des ungeborenen Kindes durchgeführt werden sollten, wie einschlägige Publikationen nahelegten, hielt sie zunächst für einen Witz) – könnten helfen, und daraufhin klebte ihr die robuste Frau umstandslos mit der eigenen Spucke befeuchtete Silikonkappen auf die Brustwarzen. Das hauchdünne Material wollte nicht haften, die Milch tropfte aus den Hohlräumen des Hütchens auf den Bauch, bevor das Kind davon trinken konnte. Eine Säuglingsschwester kam mit einer Handvoll Spritzen, in die sie Fencheltee füllte, den sie ihr in schmalen Rinnsalen über die Brüste rinnen ließ, damit das Kind schon anfangen konnte zu saugen, bevor die Muttermilch zu fließen begann. Minuten später betrat die Physiotherapeutin mit einem stacheligen Ball in Neongrün als Geschenk das Zimmer und zeigte ihr in einem Heftchen Rückbildungsübungen. Frauen mit aschblonden Bobs lagen oder knieten in mit türkisfarbenen Tüchern abgehängten Zimmern und zeigten vom österreichischen Gesundheitsministerium zertifizierte Trainingseinheiten. Bevor sie die Physiotherapeutin fragen konnte, wann damit begonnen werden sollte (musste?) und ob die Beratung kostenfrei sei – die Dame machte den Eindruck einer Tupperware-Verkäuferin, ohne dass deutlich wurde, worin ihr Angebot eigentlich bestand –, unterbrach sie eine Fotografin, die »stilvolle Bilder« von dem Neugeborenen anfertigen wollte. Jetzt sei es sehr günstig, sagte sie nach einem schnellen Blick auf das Baby, denn wenn die Kleinen schliefen, entstünden besonders süße Fotografien. Die Physiotherapeutin eilig herauskomplimentierend, schob sie resolut Tisch und Stühle beiseite, platzierte einen riesigen Pouf, den sie mit Seidentüchern umspannte (warum mussten eigentlich überall da, wo Babys waren, auch Tücher in Meeresfarben sein?), in der Zimmermitte und beschallte den Raum mit »White Noise« aus mitgebrachten Boxen – das garantiere einen entspannten Gesichtsausdruck des Kindes. Der Pfleger, der kurz darauf gemeinsam mit einer Reinigungskraft den Raum betrat, hatte die Schere dabei, mit einem winzigen blauen Band verziert, mit der der Vater ihres Kindes die Nabelschnur durchschnitten hatte. Mit einem großen Lächeln reichte er sie ihr. Verständnislos sah sie ihn an. Ob man damit auch Papier schneiden könne, fragte sie. Er lachte auf, als hätte sie einen Witz gemacht (das hatte sie nicht getan). Ein Souvenir, das immer an diesen Tag erinnern würde, man könne es zum Beispiel mit den anderen Memorabilia aus dem Krankenhaus (dem ersten Schnuller, dem winzigen Band, das sie dem Säugling um sein Fußgelenk gebunden hatten, um ihn eindeutig identifizieren zu können) in eine Box legen ...

Sie legte keinen Wert auf die Schere, nahm sie aber dennoch entgegen, um nicht schon am zweiten Lebenstag ihres Sohnes als Rabenmutter gelten zu müssen.

Bereits achtundvierzig Stunden nach der Entbindung hatte sich unterhalb ihrer Nase eine Fieberblase gebildet, die von ihrer totalen Erschöpfung zeugte – einer Erschöpfung, die, wie sie erst viel später ahnen sollte, gar nicht so sehr von den Strapazen der Geburt herrührte, sondern eher von dem ununterbrochenen Strom kleiner und kleinster Verrichtungen, die offenbar am Neugeborenen vorgenommen werden mussten und für die Herausbildung des *Mutterglücks* notwendig zu sein schienen. Dabei machte es ihr, der Mutter, gar nicht den Eindruck, sonderlich viel zu brauchen. Von der nicht minder verdächtigen, pathetisch beschworenen *Intuition* der Mutter, die jetzt vielleicht tatsächlich geholfen hätte, war plötzlich keine Rede mehr.

»Wir müssen nach Hause«, sagte der Vater des Kindes, »dort wird alles besser.« Sie nickte. Ja, nach Hause.

Nun wartet sie also auf das letzte Gespräch mit dem Arzt und der Hebamme. Noch bevor der Mediziner – ein angenehmer und herzenswarmer Mann, den sie schätzt und dem sie vertraut – die Frage nach ihrem Befinden gestellt hat, fängt sie an zu weinen. Mein Leben ist vorbei, sagt sie schluchzend, ich möchte das nicht. Ich kann schon jetzt nicht mehr, ich erkenne mich selbst nicht mehr, nichts ist von mir geblieben. Doch, sie sei noch da, versichert der Arzt, es sei lediglich ein neuer Aspekt hinzugekommen. Sie sei mehr geworden, nicht weniger. Vielleicht könne sie es jetzt noch nicht sehen, das sei ganz normal; so wenige Tage nach der Entbindung stelle sich sehr häufig ein Stimmungstief ein. Er spricht von *Baby Blues*. Nach wenigen Tagen sei das meist vorbei, meist schon, wenn man daheim Zeit hätte, sich mehr auf das Baby einzulassen, als das in der Klinik möglich sei. Falls sich ihr Zustand nicht bessere, die Traurigkeit anhalte, könne sie sich an eine Spezialistin wenden. Worauf die Spezialistin spezialisiert ist, wird nicht ausgesprochen. So weit ist sie von einer Depression entfernt, dass niemand auch nur das Wort in den Mund nimmt.

Jetzt, am dritten Tag nach der Geburt des Kindes, vorübergehende Stimmungsschwankungen, bald alles bestens, so ein Kind ist ja die größte Freude im Leben überhaupt. Es werde also nicht nötig sein, aber oft gebe ja schon die Tatsache, eine Anlaufstelle zu haben, Sicherheit. Also greift er schnell zum Telefon, ruft die Spezialistin an, die in einem anderen Krankenhaus ordiniert, und fixiert einen Termin. Nächsten Montag, meine Kollegin weiß Bescheid. Sie können jederzeit absagen, Sie werden es ja wahrscheinlich gar nicht brauchen. Ein letztes Händeschütteln, das Allerbeste für Sie und Ihre kleine Familie.

Als der Arzt das Zimmer verlassen hat, fragt sie die Hebamme, was sie denn mit dem Baby machen solle, falls sie den Termin wahrnehmen müsse. Erst als die Hebamme sie verdutzt ansieht, merkt sie, dass die Frage sie verrückt wirken lassen muss. Dein Baby, antwortet die Frau nach einem kurzen Moment der Irritation strahlend, kommt ab jetzt überall hin mit, wo du hingehst.

Ihr wird schwarz vor Augen. Der Schrecken, den ihr dieser Satz einjagt, ist unermesslich.

*

Sie würde die Spezialistin gerne aufsuchen, denn die Traurigkeit ist längst nicht verflogen, hat sich ein paar Tage später, gut eine Woche nach der Geburt des Kindes, im Gegenteil noch eher verfestigt. Sie würde gerne wissen, ob sie alleine ist mit ihrem Schmerz, mit diesen falschen Gefühlen. Ist das noch normal?, würde sie gerne fragen, oder handelt es sich schon um eine pathologische Traurigkeit? Das Gespräch würde ihr ein wenig Sicherheit geben, glaubt sie, aber sobald sie sich den Weg ins Krankenhaus der Spezialistin vorstellt, weiß sie, dass er ihr verstellt ist. Das Packen der Tasche, die Fahrt durch die halbe Stadt, das Baby würde ständig wach werden (erst beim Aufbruch, dann bei der Ankunft in der Klinik), der Rhythmus (es gibt noch keinen) würde (falls es in vier Tagen schon einen geben sollte) verloren gehen. Wahrscheinlich müsste sie genau zu Beginn des Termins stillen (sie hat Berechnungen angestellt, auch an die Schwankungsbreite hat sie gedacht), wo sollte sie das tun? Würde es ein Wartezimmer geben? Sitzgelegenheiten in den Gängen? Was, wenn es gar nicht klappte mit dem Stillen? Sollte sie vorsorglich ein Fläschchen Fencheltee mitnehmen und die Spritzen, um den Trick der Säuglingsschwester anwenden zu können? Sollte die Milchpumpe auch mitgenommen werden, für den Fall, dass das Kind nicht trinken wollte? Wo könnte sie abpumpen? Was, wenn sie genau während des Abpumpens aufgerufen würde? Und wie würde sie das Kind überhaupt am geschicktesten befördern, im Arm, im Kinderwagen oder in der Trage? Was, wenn sich die einmal getroffene Wahl als falsch herausstellen würde? Die Sprechstunde der Spezialistin sei meist sehr voll, hatte der Arzt sie gewarnt, mit ein bisschen Wartezeit müsse sie rechnen. Wie sollte sie dort ein, vielleicht zwei Stunden verbringen mit dem Baby? Wo könnte sie es wickeln? Wie lange würden die Stilleinlagen reichen?

So groß der Wunsch nach einem Gespräch über die ausbleibende Freude, über das unheimliche Gefühl, von nun an mit einem gänzlich Fremden zusammenleben zu müssen, auch ist – bei gleichzeitiger jubilierender Freude ihres gesamten Umfelds, der sie wie taub gegenübersteht – es scheint ihr schlicht nicht möglich, diese Expedition anzutreten. Zu groß und zu zahlreich sind die Unwägbarkeiten. Zu groß die Aufgabe, zu unsicher, was passieren würde (dabei hat sie, auch das macht ihr Angst, sicher nicht einmal an alle Eventualitäten gedacht: Entscheidendes könnte ihr entgangen sein, jede Menge Unvorhergesehenes passieren). Entscheidungen, die andere vielleicht nicht einmal als solche bezeichnet hätten, die für andere Frauen ein kaum reflektierter Teil der neuen mütterlichen Praxis wären, türmen sich zu unüberwindlichen Hindernissen auf. Ein Mann und drei Großelternpaare, die über insgesamt vier Autos und sehr viel Zeit verfügen, reichen nicht, um ihr den Eindruck einer schier unüberwindlichen Aufgabe zu nehmen. Sie würde es nicht schaffen. Sie bleibt zu Hause, ohne den Termin abzusagen.

*

An einem warmen klaren Vormittag schreibt sie an Freunde und Kolleginnen, um von der Geburt des Kindes zu berichten. Den Konventionen entsprechend, möchte sie vom Überglücklichsein erzählen, vom Überwältigtsein, sehnt sich nach dem Einsatz von Superlativen, die ihr nicht gelingen wollen. Die Müdigkeit, die körperliche Versehrtheit, die so schmerzhafte Differenz zwischen dem, was sein sollte, was erwartet wird, und dem, was jetzt ist, erlauben keine euphorischen Zeilen, und sie respektiert diesen kleinen Menschen auch zu sehr, um ihr gemeinsames Leben mit Lügen zu beginnen. Die auf ihre daher recht nüchtern geratene Geburtsanzeige folgenden Glückwünsche nimmt sie gleichermaßen beschämt wie ungläubig entgegen: die Gratulantinnen und Gratulanten wissen vom *Zauber dieser besonderen Zeit* zu berichten, der *möglichst genossen* werden soll, ebenso wie die *vielen fröhlichen Stunden beim gegenseitigen Kennenlernen. Genießt die wundervolle, gar nicht unanstrengende, aber so intensive Zeit des Anfangs*, wünscht ein anderer, eine Dritte verlängert die *nächsten Wochen, Monate* gleich auf *Jahre und Jahrzehnte!* Je zahlreicher die Reaktionen eingehen, umso deutlicher wird, dass *Genuss* die Haltung ist, die einzunehmen offenbar allen gelungen war, die bereits Kinder haben, dass das *Genießen* die erste und hauptsächliche Tätigkeit ist, in der man sich zu üben hat, gegen allen Kraftaufwand, über alle Strapazen hinweg, die als minimale Hindernisse geschildert werden, als kaum ins Gewicht fallende Einschränkungen eines absoluten Glücks. Dass der *Zauber des Anfangs* sich ihr als Horror des Endes (ihres alten Lebens) darstellt, ahnt keiner der Freunde.

Ihr schwindelt vor lauter fröhlichen Ausrufezeichen. Sie versteht nicht einmal im Ansatz, wie Menschen, die ihr nahestehen, solche Zeilen schreiben können – Zeilen, die absolut nichts mit ihrem derzeitigen Leben zu tun haben. Ihre Lektüre entlarvt die Grundlage ihrer gesamten sozialen Existenz als falsch und verlogen. Denn nichts anderes als Lügen können diese Glückwünsche sein, ist es doch *objektiv* schrecklich: die Nächte, in denen sie alle drei Stunden geweckt wird, um das Baby zu stillen (und wenn es einmal länger schläft, muss sie ins Wohnzimmer trotten, mit harten, schmerzenden Brüsten die sterilisierte Milchpumpe zusammenbauen und in Gebrauch nehmen; meist wacht der Kleine bald danach auf und möchte trinken, dann produzieren ihre Brüste noch mehr Milch, die Intervalle werden immer kürzer, immer häufiger ist sie auf den Durst des Kindes angewiesen, der ihr gleichzeitig den Schlaf raubt: nur einer von so vielen möglichen Verläufen, dieser so schlimm und ausweglos wie alle anderen), die vollkommene wechselseitige Abhängigkeit, die sie und ihr Kind aneinanderfesselt, die totale Aufgabe des eigenen Wollens und Tuns.

Warum werden diese Lügen formuliert, fragt sie sich verzweifelt, warum spielen alle dieses schreckliche Spiel? Warum warnen die Menschen einander nicht, warum raten diejenigen, die den Fehler schon begangen haben, anderen nicht unbedingt davon ab, Kinder zu bekommen? Immer klarer wird ihr, dass nur sie sehen kann.

Sobald ein solcher Gedanke aufkommt (nur man selbst wäre im Besitz der Wahrheit, die anderen alle verblendet), sollte der Verstand Einhalt gebieten, das weiß sie: Diese Denkweise ist Verschwörungstheoretikern eigen, Missionaren oder Wahnsinnigen. Trotzdem hält sie an ihm fest. Oder sind vielleicht gar nicht alle verblendet, die Kinder als das Erfüllendste überhaupt rühmen? Vielleicht wissen sie, dass dem nicht so ist, überlegt sie weiter, und *gerade deshalb* hat sich dieser Diskurs etabliert. Er dient der Bewältigung des ausweglos Schrecklichen, der Beschwörung einer taupefarbenen, naturfaserigen Realität, einer schmusigen Wirklichkeit aus samtener Haut und sonnigen Nachmittagen, die Still- und Trageberaterinnen zu einem Fest der Mutter-Kind-Bindung werden lassen. Die Sprache, mit der die ersten Wochen und Monate mit Baby in Glückwunschschreiben, Ratgebern und Blogs beschrieben werden, hat keine Worte für das Unglück. Und damit kann es kaum existieren, oder nur in augenzwinkernden Hinweisen, in Form der uneigentlichen Rede oder des Witzes.

Die Rede vom Zauber, den dieser Anfang besitzen soll, erinnert sie an ein Märchen der Gebrüder Grimm, in dem zwei Kinder einer Wassernixe, die sie verfolgt und ihnen Übles will, Gegenstände in den Weg werfen, die sich augenblicklich in unüberwindliche Hindernisse verwandeln:

Das Mädchen warf eine Bürste hinter sich, das gab einen großen Bürstenberg, mit tausend und tausend Stacheln, über den die Nixe mit großer Müh klettern musste; endlich aber kam sie doch hinüber. Wie das die Kinder sahen, warf der Knabe einen Kamm hinter sich, das gab einen großen Kammberg mit tausendmal tausend Zinken, aber die Nixe wusste sich daran festzuhalten und kam zuletzt doch drüber. Da warf das Mädchen einen Spiegel hinterwärts, welches einen Spiegelberg gab, der war so glatt, so glatt, dass sie unmöglich drüber konnte. Da dachte sie, ›ich will geschwind nach Haus gehen und meine Axt holen und den Spiegelberg entzweihauen.‹ Bis sie aber wiederkam und das Glas aufgehauen hatte, waren die Kinder längst weit entflohen, und die Wassernixe musste sich wieder in ihren Brunnen trollen.

Wie die Kinder im Märchen vermag auch ihr Baby die Dinge des Alltags in unüberwindliche Hindernisse zu verwandeln. Eine kurze Busfahrt ist undenkbar geworden, der Bus-Berg, den ihr das Kind vor die Füße schleudert, schlicht unbezwingbar, der Supermarkt mit seinen spiegelglatten Gängen, die den Kinderwagen nicht ausreichend zum Schaukeln bringen und das Kind wach werden lassen, wird von ihrem Sohn in einen undurchquerbaren gläsernen See verwandelt. Sie zieht sich zurück in die Tiefen der Wohnung, wo sie alle möglichen Hindernisse, die ihr vor die Füße geschleudert werden, zumindest schon gut kennt und sich ein kleines Arsenal an Werkzeugen zu deren Zertrümmerung angelegt hat. Das Baby, ihr Sohn, ist winzig, er kann noch fast nichts, er ist ganz auf sie angewiesen und erweist sich dennoch als unbezwingbarer Gegner, den es zu überlisten gilt. Während andere Mütter, die sie unterwegs beobachtet, ein Bild zärtlicher Vertrautheit abgeben, das auf ein inniges Bündnis schließen lässt, ist ihr Umgangsmodus mit dem Kind die List. Wie oft ist sie damit befasst, genau den Wasserdruck einzustellen, der den Strahl der Dusche wie einen jener sanften Regenschauer klingen lässt, die ihren Sohn (der dafür in seiner kleinen Wippe ins Badezimmer gebracht werden muss) ruhig und still werden lassen; oder: die Hand auf seinem Rücken, die er zum Einschlafen spüren muss, gilt es, nach fünfundzwanzig in einer unnatürlichen und bald schmerzhaften Haltung verbrachten Minuten ebenso schnell wie geschickt durch ein Stofftier zu ersetzen, das annähernd denselben Druck ausübt, sodass er den Unterschied nicht merkt (findet dieser Tausch zu früh statt, wird er wieder aufwachen, und das ganze Ritual muss von vorne beginnen; passiert er später als nötig, hat sie vielleicht nicht einmal die Viertelstunde Zeit, die es braucht, ein schnelles Mittagessen zu sich zu nehmen). Ständig muss sie tricksen und täuschen, muss ihn übertölpeln.

Eigentlich geht es immer nur darum, ihm eine andere Welt vorzuspielen als die, in die er vor wenigen Wochen hineingeboren wurde. Eine ruhige Welt, eine harmonische, stets angenehme, wohltemperierte Welt. Das Gegenteil von dem, was ist. Es kann also gar nicht gelingen, daher ist das Wort, das unter jungen Müttern so oft wie kein anderes kursiert, auch »Überreizung« – ach nein, das stimmt nicht ganz; »Bindung« schlägt »Überreizung« noch, beim Scrabble zwar nicht, aber moralisch auf jeden Fall und natürlich auch quantitativ, denn es ist das Lieblingswort der Normalen, derjenigen, die richtig fühlen – so, wie es sein soll. Aber unter den ängstlichen, überforderten, deprimierten oder schon aktenkundig depressiven Müttern ist Überreizung die Ursache für alles, was schiefläuft, schiefgelaufen ist oder noch schieflaufen könnte, das wird sie in den kommenden Monaten herausfinden. Doch auch noch ohne die Bestärkung durch die Verrückten, zu denen sie auch bald gehören sollte, scheint ihr das Konzept »Überreizung« überaus plausibel. Sie kann darin mehr erkennen als die neueste populärpädagogische Phrase. Mit diesem Kind, das ihr oft so fremd ist, empfindet sie größtes Mitgefühl und eine geradezu leidenschaftliche Solidarität, wenn sie daran denkt, was dieses kleine Wesen, das neun Monate in absoluter Geborgenheit, umgeben vom Pochen ihres Herzens und vom Rauschen ihres Blutes, nun erfahren muss. Der allerweichste Strampler (»Wolle-Seide-Gemisch«, murmeln die jungen Eltern) muss dem Baby wie eine kratzende, einengende Hülle vorkommen, das Biep-Biep-Biep der Supermarktkassen, das mikrofonlaute »Bitte noch eine weitere Kasse öffnen« vollkommen verstörend sein – das Kleine kann all das doch nicht einordnen, muss permanent umgeben sein von furchteinflößenden, radikal fremden Sensationen. Manchmal kommt ihr kurz der Gedanke, dass ihr eigener Stress dabei auch eine Rolle spielen könnte, aber er verschwindet schnell wieder.

Sie ist, wie so viele andere Mütter, überzeugt:

Das Kind ist überreizt, wenn das Verdeck des Kinderwagens nicht immer geschlossen ist.

Überreizt ist das Kind, sobald eine andere Person – die Oma, der Onkel, die beste Freundin – es im Arm halten möchte.

Überreizt ist es, sobald ein Supermarkt betreten wird.

Überreizt ist es bei zu viel Sonne.

Überreizt ist es bei Gewitter.

Überreizt ist es, wenn das Handy läutet.

Überreizt ist es in der U-Bahn, überreizt im Auto, wenn das Navigationssystem den Weg ansagt.

Das Leben überreizt das Kind.

Lieber zu Hause bleiben, dort kann man die Überreizung noch einigermaßen gering halten. Aber manchmal muss ja doch eingekauft werden oder zum Kinderarzt gegangen, Amtswege müssen erledigt werden, und vor allem braucht das Kind ja auch frische Luft, es muss ja spazieren gegangen werden, jeden Tag mindestens zwei Mal. Also wird es zu ihrer Hauptaufgabe, diese Zumutung da draußen zu moderieren, das Kind nichts merken zu lassen davon, denn ein überreiztes Kind brüllt die Abende durch.

Äußerlich ist sie keine schlechte Mutter, im Gegenteil. Sie funktioniert blendend. Alles verrichtet sie genau so, wie es die Mütter auf den Packungen der Stilleinlagen tun (zärtliches Anlächeln des Babys, während es trinkt), wie die Mütter aus den Babybüchern (selig lächelnd winzige Zehen küssen), wie es die Mütter in den Filmen (den Kinderwagen lächelnd und sorgsam durch einen sonnenglänzenden Indian Summer schieben) und in den Mamablogs (easy den Flat White an die rot geschminkten, lächelnden Lippen setzen, das Kind in der Trage vor der Brust, an den Füßen die New Balance 530, oversized Mantel in Greige, im Hintergrund glitzert der Schlachtensee) tun. Aber sie fühlt nichts dabei. Die Bilder, die sie permanent produziert und reproduziert, sind nicht gedeckt durch ein Gefühl.

Liebe als Pflicht.

Oft ist sie zitternd froh, wenn um achtzehn Uhr das Schreien noch nicht angefangen hat. Denn es wird erst aufhören gegen elf, nachdem der Vater des Kindes und sie es im Wechsel herumgetragen haben, oft viele Stunden lang, bevor es bis zum ersten nächtlichen Stillen in einen tiefen, kurzen Schlaf fällt.

Wie getrieben googelt sie »Entwicklungsschübe« (ein Wort und ein Phänomen, das in ihrem Leben bis vor Kurzem keinerlei Bedeutung hatte, von dem sie noch nicht einmal gehört hatte). In den ersten vierzehn Lebensmonaten, heißt es überall, mache ein Baby acht Entwicklungsschübe durch. Wenn ein solcher Schub anstehe, sei das Kind anstrengender und weinerlicher als sonst, es wolle viel getragen werden und reagiere sensibler auf seine Umwelt. Ein Entwicklungsschub könne wenige Tage bis mehrere Wochen dauern (ein Hohn, denkt sie, denn acht Schübe in vierzehn Monaten bedeuten dann ja einen durchgehenden, ununterbrochenen Megaschub, den permanenten Ausnahmezustand). Alles seien immer nur Phasen. Das Gute sei: Sie würden wieder vergehen, verkünden die einschlägigen Seiten im Netz munter, und die nächste Phase sei dann wieder ganz anders anstrengend als die vorherige. Soll das ein Witz sein? Soll sie das etwa beruhigen? Und außerdem: Was ist das für eine stundenplanmäßige, instrumentelle Art und Weise, mit dem Leben, mit einem kleinen Menschen umzugehen – so als ob das Dasein fortan nur darin bestünde, möglichst unbeschadet von einer Phase zur nächsten zu gelangen, eine Phase hinter sich zu bringen und dann die nächste. Und dann ...?

Wie die Nixe im Märchen zieht sie sich zurück in ein dunkles Loch. Sie hat Angst vor dem Kind, schreckliche, tiefe Angst. Immer deutlicher kristallisiert sich dieses Gefühl als alles dominierende Haltung heraus. Sie ist äußerst unglücklich. Häufig sperrt sie sich im Badezimmer ein, setzt sich auf den Boden und weint. Und wenn der Vater des Kindes an die Tür klopft und sie ihm irgendwann aufmacht, schreit sie unter Tränen: Ich kann nicht mehr, ich will das alles nicht.

Er ist ratlos, verzweifelt. Aber das sind doch nur die ersten Wochen, tröstet er sie, ihr müsst euch erst aneinander gewöhnen, es wird sicher bald besser. Er küsst sie. Du wolltest das Kind doch so sehr.

DER WELT ABHANDENKOMMEN

Ein Spaziergang an der frischen Luft tut den Kleinen immer gut.
Spazierengehen mit Baby ist gut für Körper und Seele.
Für die Stärkung des Immunsystems und eine gute Entwicklung ist der tägliche Spaziergang ein Muss.
Am besten geht man so oft wie möglich mit einem Baby spazieren.
Regelmäßige Spaziergänge helfen, immer wieder mal frische Luft in die Nase zu bekommen, und die gemeinsame Unternehmung stärkt die Bindung zum Kind.
Ein Spaziergang an der frischen Luft und über etwas unebene Straßen hat schon so manches Kind zuverlässig in den dringend benötigten Mittagsschlaf geschaukelt.
Was gibt es Schöneres, als mit seinem Baby an einem schönen Sommertag einen Spaziergang zu unternehmen?
Ein ausgedehnter Spaziergang gehört für viele Eltern auch in der kalten Jahreszeit einfach dazu.
Ein Spaziergang mit Baby bringt Abwechslung und Erholung.

Im September ziehen sie zurück nach Berlin, wo der Vater des Kindes und sie seit vielen Jahren leben. Mit dem Umzug ist auch der Beginn eines noch probeweisen Alltags verbunden: Der Vater des Kindes fängt wieder an zu arbeiten, zumindest für ein paar Stunden am Tag. Sie ist also zum ersten Mal über mehrere Stunden alleine mit dem Säugling. Sie weiß nicht so recht, was sie tun soll. Was soll sie mit dem Baby anfangen? Wenige Wochen ist es jetzt schon alt, es reagiert auf ein Glöckchen, das man vor ihm schlägt, es umklammert die Griffe farbiger Holzspielzeuge, es lächelt, wenn seine Eltern singen. Aber wie lange kann man singen, wie oft den kleinen Knisterelefanten reichen? Ihr Sohn mag ihre Stimme, also liest sie ihm vor, Bücher, die er erst in einigen Jahren verstehen wird, aber er hört gut zu, runzelt die Stirn, wenn sie im Dialog zwischen dem Fuchs und dem Bären ihre Stimme höher und tiefer werden lässt, versucht zu ergründen, was das bedeuten soll und ob es immer noch seine Mutter ist, die spricht. Nach einer halben Stunde ist er müde, dann muss sie ihn in die Trage nehmen oder wiegen, dann muss er schon wieder zum Schlafen gebracht werden. Wenn er aufwacht, stillt sie ihn, und dann liegen da wieder die Holzringe und die Knisterspielzeuge, die Rasseln und die Glöckchen.

Auch ohne die Mahnungen der Ratgeber, die zum Spaziergang auffordern, zieht es sie nach draußen, denn sie weiß gar nicht, was sie zu Hause mit dem Kind anfangen soll. Nur raus, wo sie nicht mit ihm alleine ist, wo noch andere Menschen sind und wo sie zumindest den Anschein erwecken kann, als wäre alles normal. Als wäre sie normal.

Sobald sie die Wohnung verlässt, wird die sonst zur Ewigkeit ausgedehnte Zeit gerafft und gestaucht, dann findet alles, was sie tut, im Modus des Rennens und Rasens, des Eilens und Stürzens statt.

Jeden Tag dasselbe Spiel: Wenn die Haustür hinter ihr zugefallen ist, hetzt sie durch die Straßen, den Kinderwagen vor sich herschiebend, immer ein Auge auf möglichen Gefahrenquellen, die Ohren gespitzt wie ein Tier auf der Flucht, auf dass alle Schwerlaster, alle kreischenden Kindergartengruppen, alle Straßenmusiker und Krankenwagen mit schriller Sirene schon so frühzeitig wie möglich aufgespürt werden könnten, um noch schnell einen Haken schlagen, in die nächste Seitengasse oder einen nahen Hinterhof flüchten zu können. Alle diese sprachlichen Wendungen von den ungeschützten Oberflächen des Körpers, von den blank liegenden Nerven (zum Zerreißen gespannt) und der dünnen Haut erlebt sie unmittelbar als quälende leibliche Sensationen.

Sie wohnen in einem Kiez im Norden der Stadt, den sie – im Vergleich zu den Kreuzberger und Neuköllner Ausgehvierteln, in denen sie sonst so oft unterwegs war, nächtelang mit einem Bier am Kottbusser Tor sitzend, über dem Kreisverkehr, inmitten des Lachens und Schreiens der Nachtschwärmer – für ruhig und beschaulich gehalten hatte. Was für eine Fehleinschätzung! Wie laut die Gäste des Yogacafés doch sind (kann man sich nicht ein wenig gemessener unterhalten?), wie häufig doch schwere LKWs durch ihre Straße fahren – und warum muss der Inhaber des Altwarengeschäftes schräg gegenüber eigentlich immer auch noch Musik hören, während er (ohnehin schon schlimm genug) die Truhen und Kommoden vor seinem Laden abschleift?

Sie hat es sich also zur Gewohnheit gemacht, fast täglich in den kleinen Schlosspark zu fahren, der zwar nahe ist, aber doch zu weit weg, um zu Fuß dorthin zu gelangen. In einem Tempo, das es erlaubt, bei idealer Schaukelfrequenz des Kinderwagens die Strecke zur Straßenbahnhaltestelle in kürzest möglicher Zeit zurückzulegen, macht sie sich auf den Weg. Von ihrem Wohnhaus kann sie entweder nach rechts oder nach links abbiegen, der Weg nach links ist länger, aber stiller, hat allerdings den Nachteil, dass auf den letzten zweihundert Metern zur Straßenbahn der Fußweg neu gemacht wurde (auf Autobahnen hieße das »Flüsterasphalt«, er verschluckt die Tritte und das Geräusch von Rollkoffern oder Sackkarren, die über ihn gezogen werden; die sonst herbeigesehnte

Ruhe ist hier störend, rührt sie doch von dem ganz ebenmäßigen Belag her, der wiederum das Einschlafen des Kindes erschwert). Der Weg rechtsherum führt über eine befahrene Straße, vorbei an vier Spätis, die mitunter schon vormittags von lauten Trinkern frequentiert werden, und an dem Kiezcafé, dessen Besitzer seinen Kundenkreis an seinen Laden zu binden versucht, indem er alle Passantinnen mit (meist falschem) Vornamen ruft und brüllend nach ihrem Befinden fragt. Heeeeeey, Julia, wie schön, dich zu sehen! Isabell, grüß dich, was macht Tobi denn so? Flaaaaat White, Lilly?

Dann endlich die Haltestelle, von dort sind es neun Stationen bis zum Park (möge nur keine lärmende Schulklasse einsteigen, sie kennt schon die Stationen, an denen diese Gefahr besteht: die dritte und die siebente), erst dort wird sie ein wenig entspannter sein. An den schöneren Herbsttagen gönnt sie sich sogar einen Kaffee in dem kleinen Pavillon und sieht von außen so aus wie in der Vorstellung, die sie von den ersten Wochen mit Kind hatte: ein wenig übermüdet vielleicht, aber insgesamt schön und ruhig; ein Buch, das aufgeschlagen auf dem kleinen Bistrotisch vor ihr liegt, dient als Zeichen, dass gute Mutterschaft und geistige Eigenständigkeit kein Widerspruch sein müssen.

Innerlich ist sie meilenweit entfernt von der gelassenen Zufriedenheit, die sie für sich und die Parköffentlichkeit inszeniert. Bereits wenige Tage nach Beginn dieser Ausflugsroutine versucht sie, gestresst von dem Weg in den stillen Park, die Höhepunkte potenzieller Überreizungsquellen statistisch zu eruieren – teils auf empirischer Grundlage beruhend, teils auf atemberaubenden Spekulationen –, um ihnen durch Quantifizierung den allergrößten Schrecken zu nehmen oder sie sogar ganz umgehen zu können: Wann ist die Chance am geringsten, einem Einsatzfahrzeug mit eingeschalteter Sirene zu begegnen? Wann also, so muss in der

Folge überlegt werden, ereignen sich die meisten Unfälle? Muss nach Unfällen im Haushalt und im Straßenverkehr trennen, wer sich lediglich für die Uhrzeit interessiert? Sind die Stoßzeiten des Berufsverkehrs mit Phasen größter Anspannung, Hektik und folglich Unachtsamkeit im Haushalt identisch? Wann fahren die meisten Schulklassen mit der Straßenbahn? Wohl nicht gleich um acht Uhr morgens nach Schulbeginn? Meist gibt doch die Lehrerin noch eine kurze Einführung zum Ziel der Exkursion, vielleicht auch zu den geschichtlichen und kulturellen Hintergründen? Gegen halb zehn scheint die Klassendichte im öffentlichen Raum am höchsten zu sein, das trifft sich mit ihren theoretisch-didaktischen Überlegungen.

Dieselben Zwangsgedanken, denen sie sich bei der Planung des Besuchs bei der Spezialistin wenige Tage nach der Geburt ihres Sohnes nicht hatte entziehen können, verfolgen sie auch noch Wochen später. Sie ist zu einer lächerlichen Bürokratin geworden, die ängstlich versucht, die Kontingenz des Lebens in den Griff zu bekommen, die pedantisch Häufungen und Auffälligkeiten registriert und sich dabei zu einer übellaunigen Misanthropin entwickelt hat. Unerträglich sind ihr die Menschen geworden, nur als Störung kann sie sie noch wahrnehmen. Viel schlimmer jedoch als die Ablehnung der anderen wiegt die Ablehnung gegenüber sich selbst, die mit ihrer Verwandlung in eine verspannte, zwanghafte Menschenhasserin einhergeht. Sie ist sich selbst unerträglich geworden. Zwar gelingt es ihr nicht, Abstand zu sich und ihrer Welthaltung zu gewinnen – sie kann diesem Ich nicht mehr entkommen, nicht durch Humor, nicht durch Ironie, alles Uneigentliche ist nicht mehr verfügbar; aber die fundamentale Differenz dieser Verfassung zu allem Früheren, das sie gewesen ist im Denken und im Handeln, ist ihr so stark bewusst (und gleichzeitig ist dieses frühere Ich unerreichbar geworden, wie endgültig abgestorben), dass es schmerzt. Sie kennt sich selbst nicht mehr, und sie will diese neue Version ihrer selbst auch nicht kennenlernen. Sie will nicht die sein, die sie geworden ist, aber sie kann auch nirgends anders hin. Nicht nach vorne, nicht zurück. Alle Möglichkeiten verschlossen, alle Fluchtwege versperrt.

Wann immer möglich, möchte sie alleine sein, getrennt von dem Kind, das diese völlige Auslöschung ihrer selbst verursacht hat.

Die Nächte, so hat sie es verfügt (und diese Verfügung als so unumstößlich präsentiert, dass der Vater des Kindes sich nicht einmal den Gedanken an eine andere Lösung zugesteht), muss sie alleine verbringen, jedenfalls jede zweite Nacht, sie teilen sich die nächtliche Sorge um das Kind. In ihrer Einzimmerwohnung hat zuvor eine Innenarchitektin gelebt, die die kaum fünfzig Quadratmeter kunstvoll durch Hochbetten und Zwischenetagen strukturiert hat. Derjenige, der keinen Baby-Nachtdienst hat, schläft auf dem Kubus, der in der Küche platziert ist und in dem das Badezimmer untergebracht ist, der andere auf dem Sofa im Wohnzimmer, das Kind in seinem winzigen Bettchen neben sich. Die leichte Berührung am Fuß, wenn sie ihre freie Nacht hat und der Vater des Kindes alle drei Stunden die Leiter hochklettert, um sie zu wecken: Das Kind hat Hunger, du musst stillen. Meist schläft sie ohnehin nicht, das Wissen um die drei kurzen Stunden quält sie schon beim Versuch, überhaupt einzuschlafen. Schlaflosigkeit trotz so unfassbar großer, tiefer, alles durchdringender Müdigkeit. Herzrasen. Einschlafen funktioniert nicht mehr, und auch aufwachen gibt es nicht mehr, das Verb ist sinnlos geworden, immer nur geweckt werden, geweckt werden, aufgeweckt werden. Noch Monate später zuckt sie zusammen, wenn sie an ihren Füßen berührt wird. Der Horror dieser Nächte hat sich so tief in ihr Körpergedächtnis eingebrannt, dass sie ihn für einen kurzen Moment wieder fühlen muss. Das Hochschrecken, das Entfernen der Ohropax, die blitzartig einfahrende Erkenntnis, dass es wahr ist, dass das ihr Leben ist, dass das Kind da ist, immer noch. Ein Albtraum, ohne die Möglichkeit, daraus aufzuwachen.

Eine Freundin schlägt vor, die Matratze einfach auf den Boden zu legen. Leitern rauf und runter, auf Hochbetten kraxeln, das sei doch nichts, ob es nicht empfehlenswerter sei, ein Schlaf- und Kuschellager, wie sie es nennt, einzurichten, die Möbel für diese ersten Monate an die Wand zu schieben, ein gemütliches Provisorium zu schaffen. Sie lehnt entsetzt ab. Das Baby, das ohnehin schon so an ihr zerrt, dass beinahe nichts von ihr übrig geblieben ist, darf nicht auch noch eine ästhetische Kapitulation erzwingen. Diese Totalaufgabe gilt es jedenfalls zu verhindern, sei der Preis auch noch so hoch. Es kommt ihr nicht einmal in den Sinn, dass sie sich diesem winzigen Geschöpf vielleicht mehr verbunden fühlen würde, wenn sie es auch nachts näher an sich heranließe, denn es ist ohnehin schon zu viel: diese Stunden, die sie ihren Sohn in der Trage überallhin mitnimmt, zum Einkaufen, zum Wäscheaufhängen, aufs Klo. Die Nächte bedeuten den letzten, ohnehin schalen Rest an Privatsphäre. Sie möchte dem Kind und sich selbst Grenzen aufzeigen. Ich tue alles für dich, den ganzen Tag und die halbe Nacht, du schläfst untertags auf mir, hängst an mir, trinkst von mir. Sechs von vierundzwanzig Stunden gehören mir. Es gibt mich auch noch ohne dich.

Sie beginnt, in Form kleiner symbolischer Widerstände gegen diese Mutterschaft aufzubegehren, und sie tut es mit den Gesten, die in allen Mamaforen, wie die schrecklichen virtuellen Zusammenkünfte von autoritären Frauencharakteren mit Nachwuchs heißen, mit Höchststrafen belegt werden.

— Wenn einem Alkohol und Zigaretten so wichtig sind, dann ist es vielleicht besser, keine Kinder zu bekommen! Bin keine Helikoptermama, aber wenn man Mama wird, muss man halt lernen, auf manches zu verzichten, sonst ist man vielleicht noch nicht reif für Kinder. FACEPALM!

— Man kann doch wenigstens in der Schwangerschaft und Stillzeit verzichten! Mein Kleinster wird im Oktober fünf Jahre alt und wird nur noch zum Einschlafen gestillt. Habe vor ca. vier Wochen zum Geburtstag meines Mannes das erste Mal abends ein halbes Glas Sekt getrunken. Und es hat mir auch nicht gefehlt!!!

— Also wenn es so schwer ist, auf irgendwas zu verzichten, dann bekommt doch bitte kein Kind! Alkohol/Zigaretten etc. können doch nicht wichtiger sein als ein Kind!!

3 FACEPALM-AFFEN

— Irre, Frauen rauchen und trinken in der Stillzeit, und ich habe schon ein schlechtes Gewissen, wenn ich Zwiebel oder Böhnchen esse!! WEINENDES EMOJI

— Man muss doch in der Lage sein, für die Dauer der SS und Stillzeit auf Zigaretten und Alkohol zu verzichten. Wenn ich schon immer lese, jeder muss das für sich selbst entscheiden – ja, LEIDER! *Leider kann man das und greift so ggf. in das komplette Leben des Kindes ein!*

Sie glaubt, es ist kein Zufall, dass diese lust- und geistlosen Böhnchenphobikerinnen »Schwangerschaft« mit »SS« abkürzen, ohne etwas dabei zu finden, während sie anderen Müttern als Bestrafung für zwei Gläser Wein in der Stillzeit Wahl- und Menschenrechte absprechen oder sich in eugenischen Fantasien ergehen, die Frauen einteilen in diejenigen, die Kinder bekommen dürfen – weil sie reif, verantwortungsbewusst und vor allem zum VERZICHT!!! bereit sind –, und in die defizitären Egoistinnen, die, LEI-

DER, LEIDER, immer noch selbst über ihr Leben und ihren Bauch entscheiden dürfen.

Gegen diese selbstgerechten Stimmen, die sie umstellen, sobald sie ihren Rechner öffnet, raucht sie jeden Tag auf dem Morgenspaziergang, zu dem sie oft schon um halb acht Uhr früh aufbricht, genau eine einzige Zigarette. Aus Trotz. Angesichts all der Fürsorge und der Pflicht zur Vernunft drängt es sie, wenigstens einmal am Tag für wenige Minuten unvernünftig zu sein, Schindluder zu treiben mit ihrer Gesundheit, unreif und unmütterlich zu sein. Und dennoch hat sie ein enorm schlechtes Gewissen, denn die Stimmen bleiben natürlich nicht wirkungslos. Aber diese Geste, so pubertär sie auch ist, ist ihr so wichtig: ein Zeichen, dass sie nicht alles dem Kind unterordnet.

Im neuen Drogeriemarkt an der Schönhauser Allee kauft sie sich einen Cappuccino, danach wählt sie einen von drei möglichen Rauch-Standorten aus, die an der Route des Spaziergangs liegen und an denen sie den Blicken derer, die sie verurteilen könnten, entzogen ist (denn so sehr wirken die Stimmen, dass sie ihren Widerstand dagegen nicht öffentlich machen möchte; diesen Blicken standzuhalten, dafür hat sie nicht die Kraft): im Innenhof eines Sozialwohnbaus, da rauchen auch die anderen, Frauen mit drei kleinen Kindern, Jugendliche, alle; im tiefen Hauseingang des Pop-Up-Töpferladens, der erst um elf aufmacht, im Erdgeschoss daneben wohnt ein alter Mann, der – eine Ausnahme im Kiez – keine handschriftlichen Zettel für die Passanten an die Scheiben geklebt hat: HIER WOHNEN MENSCHEN! BITTE HALTEN SIE IHRE GESPRÄCHE NICHT AUF MEINER FENSTERBANK AB!; oder an der Südseite des Sportparks, auf dem breiten Grünstreifen mit den Bänken, auf denen sich oft Obdachlose treffen. An den wenigen Rändern, die der Bezirk in sozialer Hinsicht aufweist, fühlt sie sich in dieser Zeit geborgen. Die bürgerliche Gesellschaft, in der sie lebt, deren Regeln sie kennt und innerhalb derer sich ihre Biografie bewegt, ist ihr fremd geworden, geradezu feindlich steht sie ihr gegenüber: Zum ersten Mal in ihrem Leben kann sie nicht mithalten, die Anforderungen und Erwartungen nicht erfüllen.

Es ist herbstlich geworden, und an vielen Morgen steht sie im Regen, die Zigarette durchnässt, nach der langen Rauchpause während der Schwangerschaft schmeckt sie gar nicht. Verbissen zieht sie daran. Kein Genuss ist dabei, nur die wilde Entschlossenheit zur Selbstbehauptung.

*

Manchmal hat sie eine Stunde frei. Dieses »endlich wieder ...«, nach dem sie sich so sehnt, wird ihr allerdings, sobald die Haustür hinter ihr ins Schloss fällt, unmöglich. Was sollte sie in dieser einen Stunde »endlich wieder« tun? In Gedanken hetzt sie die Möglichkeiten durch: Mit einem Buch ins Café? Shoppen gehen? Doch wieder zurück, umziehen und eine Runde joggen? Sie weiß nicht, was sie anfangen soll; jede Minute, die ungenutzt verrinnt, lässt sie noch verzweifelter werden. Plötzlich bekommt alles einen Wert, muss gegeneinander aufgerechnet werden. Ist das Joggen wichtiger als das Lesen? Würde sie ein Cafébesuch glücklicher machen als eine Maniküre im kleinen Kosmetiksalon gegenüber? Die panischen Überlegungen, wie diese rare, wertvolle Stunde am besten genutzt werden könnte, füllen die ihr zur Verfügung stehende Zeit häufig ganz aus. Nach Norden und Osten, Süden und Westen irrt sie, vom Mut verlassen vor dem Yogastudio, vor dem Buchladen wieder umkehrend, immer eine andere Richtung einschlagend, nirgendwohin. Dann ist die Stunde auch schon vorbei. Sie ruft niemanden an, sie trifft keinen, sie geht nicht zum Sport, sie setzt sich nicht in ein Café. Es wäre ohnehin falsch, denkt sie dann, diese Inszenierungen eines Lebens, über das sie gar nicht mehr verfügt.

Das war schon in Wien so: Zwei Wochen nach der Geburt ihres Sohnes ging sie zum Friseur, ließ sich mit Ahhhs und Ohhhs in den Sessel fallen, machte Fotos vom Stillleben vor sich. *Gala*, Melange, die Blumendekoration noch angeschnitten in der rechten oberen Ecke, sie hätte es auf Instagram posten können, hätte sie einen Account, #newmom #enjoyinglife. Alles fühlte sich unecht an, eine Inszenierung für andere, vor allem jedoch für sich selbst, das wusste sie schon in diesem Moment. Die Friseurin erzählte von ihrem Freund, der sich gerade mit Miniatur-Gewächshäusern selbständig gemacht hatte, und von der gemeinsamen Babykatze, deren Pflege anstrengend sei, durchaus mit dem Aufwand für ein Menschenkind vergleichbar. Sie versuchte, ganz locker zu sein bei diesen leichten Gesprächen über Pflanzen und Babykatzen, aber das Lachen wollte nicht perlen, hohl und blechern klang es. Bald würde sie stillen müssen, dabei hatte die Friseurin noch nicht einmal mit dem Schnitt begonnen. Sie traute sich nicht, etwas zu sagen. (Wieso eigentlich nicht? Vielleicht weniger aus Scham, als um vor sich selbst nicht zugeben zu müssen, so unfrei zu sein; sie wollte die gelöste Frau sein, die den ganzen Nachmittag beim Friseur sitzt, entspannt, ganz cool, denn sie weiß ja, wie gut der Vater des Kindes sich um das Neugeborene kümmert. Vielleicht würde es wahr werden, wenn sie nur so tat als ob.) Binnen weniger Minuten begannen die Brüste derart zu schmerzen, dass sie an nichts anderes mehr denken konnte. Sie hörte ihren Sohn so deutlich weinen, als läge er neben ihr. Seine unsichtbare Leine, durch die er sie an sich band, in ihren Körper eingelassen, straffte sich. Sie spürte das Bedürfnis des Kindes nach ihr, seinen Schmerz, körperlich, und sie wollte, *musste,* auf der Stelle zu ihm. Wie von der Tarantel gestochen, sprang sie auf: Sorry, ich muss gleich nach dem Schneiden gehen, nein, nein, föhnen ist gar nicht mehr notwendig. Urplötzlich fühlte sie sich radikal fremd in diesem normalen Leben, in dem Menschen am Samstagvormittag nach dem Frühstück zum Friseur gehen, als sei es das Selbstverständlichste der Welt.

Sie gehörte nicht mehr zu der Welt der Friseurbesuche und verplauderten Vormittage, das verstand sie damals mit einem Mal, sie gehörte nicht mehr zur Welt der gedankenlosen U-Bahn-Fahrten (einfach so einsteigen, egal ob das Verkehrsmittel feierabendvoll war oder nicht), nicht mehr zur Welt der nebenbei erledigten Einkäufe, nicht mehr zur Welt der Leute, die nicht genau angeben konnten, wann sie nach Hause kommen würden (kommt darauf an, wie lange ich arbeite / ob ich danach noch auf ein Bier gehe / worauf ich Lust habe / was sich ergibt). Zwar konnte sie so tun als ob, aber das war alles nur Theater, und die Vorstellung endete immer abrupt. Aber zur Welt der »Mamas«, zur Welt der Babys und ihrer Spuck- und Pucktücher gehörte sie auch nicht, auch dort war sie falsch. Der Satz, der zum Mantra der nächsten Monate werden sollte, formierte sich in diesen Wochen: Ich möchte das alles nicht mehr. DAS ALLES. Damit war das Leben mit Kind gemeint, aber auch die raren Zeiten alleine.

Jetzt, in Berlin, ist der einzige Gedanke, den sie fassen kann, der an Flucht. Weg, nur weg, alles will sie hinter sich lassen. Sie recherchiert, bis zu welchem Alter man ein Kind in die Babyklappe legen kann (ein absurder Gedanke, denn selbstverständlich würde der Vater des Kindes, würden die Großeltern oder die vielen Onkel, die das Kind hat, ja selbst Freunde ohne Zögern das Kind zu sich nehmen), eine Möglichkeit, die keine ist. Sie wäre unendlich unglücklich ohne das Kind, das so sehr zu ihr gehört, dass es schmerzt. Das Weggeben ist nicht einmal theoretisch eine Option, denn das Kind wäre immer, bis an ihr Lebensende der große abwesend Anwesende.

*

Wenn man, von ihrer Wohnung aus nach Norden gehend, die Ringbahn an der kleinen Fußgängerbrücke überquert, kommt man zu einem Platz, der direkt auf dem Weg zum Drogeriemarkt liegt, in dem sie mehrmals pro Woche einkauft, den Rucksack voller Stilleinlagen, Windeln und Cremes. An einem Haus an der Straße, die entlang des Platzes führt, ist ein Glaskasten angebracht, vor dem sie an einem dunklen, regnerischen Herbstnachmittag stehen bleibt. Stilisierte Abbildungen von Menschen, die Babys im Arm halten, umrahmen Terminankündigungen, Infobroschüren und einen Hinweis zu den Aufgaben und Zielsetzungen des Vereins, der im Erdgeschoss des Hauses untergebracht ist:

Wir beraten Sie bei Fragen zu Schwangerschaft, Pränataldiagnostik, Geburt und Stillen, bei Fragen zur Gesundheit, zur kindlichen Entwicklung und zum Leben mit einem Kind. Wir begleiten Sie in belastenden Lebenssituationen, bei einer Wochenbettdepression, nach einem traumatischen Geburtserlebnis, bei einem Baby mit besonderen Bedürfnissen, nach einer Fehl- oder Totgeburt, bei ungewollter Kinderlosigkeit. Sie können mit uns reden in Krisen, über alle Fragen, Gefühle, Sorgen, Ängste und Unsicherheiten im Zusammenhang mit einer Schwangerschaft und dem Leben als Mutter/Eltern eines kleinen Kindes. In den Beratungsgesprächen steht die Stärkung und Unterstützung Ihrer eigenen Fähigkeiten im Vordergrund. Wir betrachten Schwangerschaft, Geburt und das Leben mit einem Neugeborenen als ein bio-psychosoziales Geschehen.

Und dann steht da noch:

Alles ganz einfach: Die Beratungsstelle verfügt über wettergeschützte Abstellräume für Ihren Kinderwagen.

Die Glaskastenworte berühren sie. Hier scheinen Menschen tätig zu sein, die wissen, wie es ihr geht. Die nicht nur traumatische Erfahrungen rund um die Geburt oder den Tod eines Kindes, sondern auch den geglückten Fall, »das Leben mit Kind«, für gesprächswürdig erachten. Die wissen, dass der Hinweis auf »wettergeschützte Abstellräume« den entscheidenden Unterschied macht.

Das große, grüne Einfahrtstor steht offen, im Durchgang eine Frau mit dem Rücken zu ihr, die gerade die Türe zur Beratungsstelle zusperrt und offenbar dazugehört. Bevor sie anfangen kann zu denken, bevor sich die Einwände breitmachen (Was willst du hier, die werden dich auslachen! Nur weil dir ein bisschen Schlaf fehlt, glaubst du gleich, du bräuchtest Hilfe? Pass nur auf, das könnte sehr peinlich werden!), platzt sie gegen den Rücken der Frau mit der Frage heraus, ob sie einmal kommen dürfe.

Die Frau von der Beratungsstelle dreht sich um, freundlich. Sie ist etwa Ende sechzig, ihre hellbraunen Haare sind grau durchzogen, sie trägt eine dunkelblaue Jeans und eine grüne Walkjacke, um den Hals ein orangefarbenes Tuch.

Natürlich könne sie kommen, jederzeit. Sie fragt nicht nach dem Grund, nicht nach der Art der Probleme, fragt nicht nach Überweisungen, eingeholten ärztlichen oder psychotherapeutischen Diagnosen, sie bittet nicht um telefonische Terminvereinbarung – sie weiß, dass dieser Anruf mit hoher Wahrscheinlichkeit nie getätigt werden würde, weil das eben nicht »ganz einfach« ist, wenn alles gerade so wahnsinnig schwerfällt.

Ob sie nicht gleich morgen kommen wolle, vielleicht nach dem Mittagsschlaf, gegen fünfzehn Uhr?

Die Frau von der Beratungsstelle denkt an den Mittagsschlaf, sie bedenkt, dass die Menschen, die sich an sie wenden, derartige Angst vor einer Störung des Rhythmus des Babys haben, dass die Nennung einer falschen Uhrzeit alles verunmöglichen kann.

Der nächste Tag fängt gut an, das Wetter ist freundlich, das Baby wacht, trinkt und schläft plangemäß. Sie hat das Haus rechtzeitig verlassen können und erreicht pünktlich um drei Uhr das grüne Tor. Die Frau von der Beratungsstelle, heute so freundlich wie gestern, lässt sie ein und weist ihr den Weg zum Kinderwagenraum. Heute trägt sie ein langes, dunkelgraues Wollkleid mit einem zipfeligen Saum, dazu derbe, braune Lederschuhe. Sie habe viele Jahre lang als Sozialpädagogin gearbeitet, erzählt sie. Ihr Studium in den 1970er Jahren an der Pädagogischen Hochschule in einer süddeutschen Kleinstadt sei sehr politisch gewesen, feministische Arbeitskreise und Weiberräte, irgendwann habe man eine Beratungsstelle für schwangere Frauen eingerichtet und gegen den Abtreibungsparagraphen und gegen das Patriarchat insgesamt gekämpft. Später dann sei sie gemeinsam mit einigen Freundinnen aus der politischen Gruppe nach Berlin gegangen, und hier gehöre sie zu den Gründungsmitgliedern des Vereins. Elternschaft sei nichts Selbstverständliches, nichts Natürliches, sondern im Gegenteil eine hochideologische Angelegenheit.

Sie fühlt sich wohl mit der Frau von der Beratungsstelle, die wirkt, als habe sie die siebziger Jahre nie hinter sich lassen können (oder wollen). So sehr ist ihre ganze Erscheinung, ihre Sprechweise und ihre Haltung zu Gesellschaft und Politik im Allgemeinen und zu Kindern, Familie und Mutterschaft im Besonderen von dieser Zeit geprägt, dass es den Anschein hat, sie wäre bei allen Höhepunkten der zweiten Frauenbewegung dabei gewesen: Die Worte und die Farben, die Frisur und die Denkhaltung scheint sie einfach mitgenommen zu haben von damals. Alles an ihr ruft zweite Frauenbewegung, Differenzfeminismus!

Das Zimmer, in das die Frau sie führt, verstärkt den Eindruck eines eigentlich schon verloren gegangenen Milieus noch. Sie meint, in einen geradezu historischen Diskurs über Geburt und

Gebären, Kindererziehung und Elternschaft übergewechselt zu sein, der hier ein räumliches Refugium ausgebildet hat. Der längliche Raum, dessen Fenster auf einen ruhigen, begrünten Innenhof gehen, ist zwar nur spärlich eingerichtet – zwei Korbstühle, an der linken Wand ein Sofa aus Rattangeflecht, dazwischen ein niedriger Tisch aus Fichtenholz –, aber überreich mit Textilien ausgestattet. Pölster, Kissen, Decken, Tücher stapeln sich auf den Sitzgelegenheiten und in der Ecke neben der Tür. Vor dem Hintergrund der terrakottafarbenen Wand (Schwammtechnik!) leuchten sie kornblumenblau, uterusrot und ringelblumengelb, wie ein fröhlich nichtsahnender Kommentar zum farbschematischen Ausstattungsimperativ gegenwärtiger Kinderzimmer und privat geführter Kindergärten, Schwangerenyoga- und Rückbildungsstudios. Dort sind die Grundfarben längst aussortiert worden, sind Salbei, Malve und Senfgelb die Töne der Stunde (*sage, mauve* und *mustard*, heißt es etwas weltläufiger), die auf eine ganz andere Natur rekurrieren, auf eine nostalgische, als wären die Fotos der Urgroßeltern, die sie im Apfelbaum und in der Seifenkiste zeigen, staubpastellig nachkoloriert worden. Die Codes dieses postmodernen, progressiv rückwärtsgewandten Lebens mit Kind sucht man hier vergeblich: kein Roségold, so weit das Auge reicht.

Es riecht nach Lavendelöl, dabei vermag sein Aroma den Elternpsychotherapiezimmergeruch nicht vollständig zu überdecken. Ein Hauch von altem Schweiß und ungewaschenen Haaren (zum Haarewaschen ist man schon seit einer Woche nicht mehr gekommen), von gewechselten Windeln, kaum wahrnehmbar, aber doch da. Sie meint es dem Zimmer anzumerken, dass hier schon viele Stunden über Probleme gesprochen und geweint worden ist, von Verlusterfahrungen erzählt, dass hier schon viele verzweifelte Menschen ein und aus gegangen sind. Mit welchem

Sinnesorgan sie diese Verzweiflung erfassen kann, ist ihr nicht klar – riecht Traurigkeit vielleicht genauso?

Der Raum, obwohl er ein klein bisschen schäbig und aus der Zeit gefallen wirkt, ist angenehm, weil er nicht nach bestimmten Gesten oder Sätzen verlangt. Er fordert jedenfalls nicht, dass man sich in ihm wie eine moderne, coole (eben gerade nur ein bisschen gestresste) Mutter verhalten muss.

Die Frau von der Beratungsstelle weist darauf hin, dass sie sich nichts verkneifen müsse, nur um das Gespräch in Ruhe führen zu können. Es dürfe gestillt, das Kind natürlich herumgetragen werden, man könne auch im Gehen sprechen, und wenn es gar nicht ginge, sei es durchaus denkbar, die Unterhaltung auf einem Spaziergang durch den Park zu führen.

»Alles ganz einfach.« Zwar liegt in dieser Zwanglosigkeit auch ein Schrecken – der Verlust einer bürgerlichen Haltung, in der höfliche Scham und respektvolle Aufmerksamkeit zählen, und an der ihr sehr viel liegt –, aber für den Moment überwiegt die Erleichterung.

Die Frau von der Beratungsstelle fängt an zu fragen: Wie alt das Kind sei, wie die Geburt verlaufen und was nicht in Ordnung sei, warum sie den Weg hierher gesucht habe.

Sie findet es schwer, auf diese letzte, eigentlich doch so einfache Frage zu antworten. Wie soll sie das diffuse Gefühl des Nicht-mehr-Wollens in Worte fassen, dieses tägliche Unglück, das anschwillt zu einer großen und totalen Lebensmüdigkeit, weil es niemals aufhören wird, weil sie schon vom Gedanken an die Zukunft – an morgen, an nächstes Jahr, an das nächste Jahrzehnt – ausgelaugt ist. In der kleinen Form ihrer Notizen, ihrer geflüsterten, getippten, geschriebenen Worte sind die kleinen Schrecken gut aufgehoben; aber zu einer großen Geschichte lassen sich all diese Gefühle und Eindrücke nur schwer verbinden. Zum Glück weiß das auch die Frau von der Beratungsstelle. Sie hört gut zu, ruhig und aufmerksam. Sie nickt und lächelt, als würden ihr diese Gedanken und Gefühle bekannt vorkommen. So, als hielte sie sie nicht für unerhörte Zeugnisse einer überforderten, egoistischen Mutter, die sich einfach nicht auf eine neue Herausforderung im Leben einstellen kann. Die heult, weil die Party vorbei ist.

Die Frau von der Beratungsstelle spricht von den biologischen und den psychischen Faktoren, die dazu beitragen können, die Mutterrolle als belastend oder schmerzhaft zu erleben, von gesellschaftlich vermitteltem Perfektionismus und Erwartungshaltungen, von nicht verarbeiteten Verlusten und Komplikationen in der Schwangerschaft und davon, dass es wirklich schwierig sei, das hohe Maß an Freiheit, das sie nun so lange genossen habe, plötzlich nicht mehr zur Verfügung zu haben. Dass das kein Luxusproblem sei, sondern dass im Gegenteil in unserer Gesellschaft mit all den immer noch rosablauen wollwattigen Glückserzählungen viel zu wenig darüber gesprochen würde, was für eine enorme Herausforderung ein Kind eigentlich sei. Wie anstrengend. Wie zehrend.

Die Frau von der Beratungsstelle liefert triftige Erklärungen, weiß um statistische Wahrscheinlichkeiten, aber sie spuckt sie nicht einfach aus, nennt nicht automatisch Zahlen und Fakten, sobald sie die entsprechenden Schlüsselwörter hört. Zugewandt und solidarisch vermittelt sie den Eindruck, dass es tatsächlich nicht leicht ist, sich auf ein Leben mit Kind einzustellen, dass man sich wirklich erst einfinden muss in die neue Rolle. Ihrer Ruhe ist Zorn beigemengt, Zorn über die gesellschaftlichen Verhältnisse, die mütterliche Depressionen noch fördern. Über die vollkommen irrsinnigen, überzogenen gesellschaftlichen Erwartungen Mutterschaft betreffend, die strukturell in größter Spannung mit weiblichen Erfahrungen stehen. Denen man nie entsprechen kann. Die krank machen.

Die Frau von der Beratungsstelle rät zu Sauna, Massage oder zumindest zu einer halben Stunde in der heißen Badewanne. Aber sie rät auch (unausgesprochen, implizit) zur Wut auf die Verhältnisse. Zum Nachdenken, zum Darüberreden, zum Schreiben.

Sie fühlt sich verstanden und gesehen. Gewürdigt als die Frau, die Rat sucht und sich mitteilen muss, weil sie traurig ist und leidet, aber auch als Teil einer größeren Menge von Frauen (und Männern), die Elternschaft nicht als etwas Selbstverständliches erfahren.

Ihr Sohn ist während des Gesprächs in der Trage eingeschlafen, einfach so, ohne zu weinen, ohne dass sie ihn aufwändig in den Schlaf begleiten musste. Ganz ruhig packt sie ihre Sachen.

Kommen Sie gerne jederzeit wieder, sagt die Frau von der Beratungsstelle zum Abschied, auch wenn es nur für ein kurzes Gespräch ist, immer dienstags und donnerstags, ohne Termin.

Sie schiebt das orangefarbene Kärtchen, das ihr die Frau von der Beratungsstelle aufmunternd reicht, in die Seitentasche ihres Rucksacks. Beim Verlassen des Kinderwagenraumes wendet sie sich noch einmal um, ein angedeutetes Winken. Langsam schlägt sie den Weg nach Hause ein. Das Gespräch hat sehr gutgetan. Heute traut sie sich sogar noch den Abstecher zu dm zu, Fußmaske, neuer Nagellack, und dann noch mit einer Freundin telefonieren.

Es wird schon werden, so schlimm ist es ja gar nicht.

DIAGNOSE

Der Oktober führt sich auf wie der späte August. Die Luft weit über zwanzig Grad, alles flirrt golden. An einem Samstagvormittag fahren sie zu dritt quer durch die Stadt in die Wohnung des Vaters des Kindes, um nach Monaten seiner Abwesenheit nach dem Rechten zu sehen und einige Wintersachen mitzunehmen.

Das Paul-Lincke-Ufer ist schwarz vor Menschen. Auf den Bouleplätzen klicken die metallenen Kugeln, auf den hölzernen Begrenzungsbänken sitzen Gruppen von Freunden dicht an dicht und trinken Kaffee oder Wein, manche sind noch von der letzten Nacht übrig geblieben und blinzeln mit kleinen Augen ins Licht. Kinder rennen kreuz und quer über die Uferpromenade, mache noch mit nackten Füßen, sie kollidieren mit kleinen Hunden, sie schreien vor Freude, während sie sich beim Fangenspielen durch die Menge der Spazierenden drängen.

Hier ist sie ohne den Ballast unterwegs, der sie sonst beschwert. Es ist ihr selbst nicht ganz klar, ob sie den häufig erzählten Anekdoten falschen Glauben geschenkt hat (nach denen die Eltern im Prenzlauer Berg ständig abchecken, ob jemand mit *Cybex-* oder *Bugaboo*-Kinderwagen unterwegs ist, und andere Möglichkeiten undenkbar sind, und ob der Bauch schon wieder flach und straff ist, wie mit einem schnellen Blick auf die *Lululemon*-Tops beim Mama-Baby-Yoga schnell festzustellen ist), oder ob diese Klischees tatsächlich stimmen und hier im Berliner Südosten tatsächlich mehr Menschen unterwegs sind, die ihre Kinder eher als Teil ihres Lebens verstehen denn als alleinigen Lebensinhalt. Jedenfalls erscheint ihr an diesem Kreuzberger Samstag alles leichter.

Sollten sie nicht hierherziehen? Die Übersiedelung wäre ohne großen Aufwand zu bewerkstelligen, der Vater des Kindes hat ja hier seine Wohnung, sie müssten mit nur leichtem Gepäck den Stadtteil wechseln. Der Entschluss wird noch während des Spaziergangs gefasst. Die Aussicht auf einen Neuanfang ist geradezu berauschend. Alles würde anders werden, besser. War ihr Unglück nicht vor allem der derzeitigen Wohnung mitsamt ihrer für das Leben mit Baby vollkommen ungeeigneten Bettensituation, dem Bezirk, den Umständen geschuldet?

*

Anfang November hat sich der spätsommerliche Herbst auf die jahreszeitliche Normalität eingestellt: Acht Grad Höchsttemperatur, acht Tage Regen pro Monat, Sonnenuntergang kurz nach sechzehn Uhr. Die Straßen sind nass, feuchte Blätter verstopfen die Regenrinnen.

Als ihr Sohn morgens aufwacht, ist es noch stockdunkel. Zwischen den Taschen und den gepackten Kisten stillt sie ihn und verstaut dann die Nachtdinge – die kleine, eiförmige Lampe, das Babyphon, den winzigen Schlafsack und seinen Pyjama – ganz oben in der Schlafzimmerkiste, um sie für die erste Nacht in der neuen Wohnung griffbereit zu haben.

Die Schwiegereltern sind nach Berlin gekommen, um bei dem kleinen Umzug zu helfen und sich um das Baby zu kümmern. Es geht schnell, eine einzige Fahrt mit dem gemieteten Transporter reicht aus, und als Vater und Großvater des Kindes mit der Wickelkommode den vierten Stock erreichen, hat ihre Schwiegermutter die mitgebrachte Lasagne schon gewärmt und den Tisch gedeckt.

Die Stimmung ist fröhlich, das Baby ruhig und ausgeglichen, wie immer, wenn es inmitten vieler vertrauter Stimmen in seiner Wippe liegt, eingehüllt von Lachen und Gesprächen.

Es ist schön, dass Leute da sind, es ist eine große Erleichterung, dass ihr das Kind abgenommen wird, dass sie lange und in Ruhe duschen kann, dass der Vater des Kindes und sie wenigstens für einige Stunden den »Kannst-du-vielleicht-kurz-einmal halten/wickeln/aufpassen/die Trage umbinden«-Bitten, die ihre Gespräche weitgehend ersetzt haben, enthoben sind. Die Irritationen, die die unbekannten Wege und Verrichtungen innerhalb der neuen Wohnung auslösen – diese noch unvertraute Kurve, die man gehen muss, um von der Küche ins Badezimmer zu gelangen, das seltsam aufwändige Aufziehen der Schublade, in der ihre Unterwäsche liegt, so ganz anders als die ihr in Fleisch und Blut übergegangenen Bewegungen, die ihr Körper im alten Zuhause wie von selbst ausführte –, sind deutlich zu spüren. Minimale Stiche, die ihr das Fremde versetzt, aber sie lässt sich nichts anmerken. Sie versucht, ihnen nicht zu viel Bedeutung beizumessen. Das ist doch lächerlich, man kann sich doch nicht ernstlich erschüttern lassen von der Tatsache, dass die Socken nun woanders verstaut sind. Je öfter und länger sich diese Gedanken aufdrängen, desto deutlicher wird ihr, dass sie wirklich Angst hat. Die eingeübten Wege und Handbewegungen, das stumme Wissen darüber, wo sich was befindet, hatten in ihrer eigenen Wohnung einen sicheren Raum abgesteckt – den einzigen, der ihr geblieben war. Und nun ist auch der nicht mehr verfügbar. Morgen schon wird dieses Gefühl der Unsicherheit weg sein, versucht sie sich einzureden. Hat nicht das Gespräch mit der Frau von der Beratungsstelle gezeigt, dass sie auf dem richtigen Weg ist? Dass ihr die Veränderungen, die das Leben mit Kind mit sich bringen, zwar zu schaffen machen, aber nicht in besorgniserregendem Maße? Jetzt kommt eben noch ein

Wohnungswechsel hinzu, aber diese kleine Veränderung wird doch insgesamt Besserung bringen, ist sie davon nicht überzeugt?

*

Wenige Tage nach dem Umzug hängt im Hausflur eine Bekanntmachung der Hausverwaltung. Die Wasserleitungen würden auf Legionellen untersucht, mit den Ergebnissen sei im Laufe der nächsten drei Wochen zu rechnen. Mit klopfendem Herzen steigt sie mit ihrem Sohn in der Trage die vier Stockwerke zu ihrer Wohnung hinauf. Die Panik folgt im Gleichschritt. Was mögen Legionellen wohl sein? Gehört hat sie davon, aber worum genau es sich handelt und vor allem, welche Schäden sie im menschlichen Körper anrichten können, weiß sie nicht. Oben angekommen, eilt sie, ohne die matschigen Stiefel auszuziehen, zu ihrem Computer und liest nach. Legionellen, erfährt sie, sind stäbchenförmige Bakterien, die im Wasser leben und »als potenziell humanpathogen anzusehen« sind. Eine Infektion wird insbesondere mit technischen Systemen wie etwa Warmwasserversorgungen in Wohnhäusern, Wassertanks und Boilern in Verbindung gebracht. Eine gesundheitsgefährdende Übertragung von Legionellen auf den Menschen, heißt es weiter, ist prinzipiell durch Kontakt mit Leitungswasser möglich, wenn die Legionellen in die tiefen Lungenabschnitte gelangen. Dies geschieht in erster Linie, wenn das bakterienhaltige Wasser als Bioaerosol eingeatmet wird, etwa beim Duschen. Für sehr kleine Kinder kann eine Legionelleninfektion tödlich sein. Sie denkt daran, wie oft sie ihren Sohn schon in seiner Wippe im Badezimmer abgestellt hat, wenn er satt und ruhig war und sie endlich eine heiße Dusche nehmen konnte, nach der das Badezimmer vom Wasserdampf ganz vernebelt war. Diese wenigen Minuten, die sie für sich hatte, in der ihre Schultern sich für kurze Zeit entspannten, würden sich im Nachhinein als tödlich für das Kind erweisen. Alles, was ihr guttut, ist schlecht – potenziell lebensgefährlich – für das Kind, so lautet ihr panischer Kurzschluss, der die Ausweglosigkeit ihrer Lage bekräftigt. Die Möglichkeit einer Routineüberprüfung durch die Hausverwaltung zieht sie nicht einmal in Betracht: Es steht fest, dass das Wasser verseucht ist, dass sich in den nächsten Wochen eine schleichende Verschlechterung des Gesundheitszustandes des Babys zeigen wird. Besser, sie stellt sich schon jetzt darauf ein. Ihr Sohn könnte – er wird! – bald sterben, erneut hat sich gezeigt, dass jeder Tag, jede Minute den Einbruch einer Gefahr bedeuten kann; immer muss mit allem zu rechnen sein, mit Bedrohungen, von denen sie bislang gar nichts wusste. In allen Ecken lauern sie, von oben und unten, draußen und drinnen können sie kommen, unentrinnbar, so unsichtbar und unscheinbar wie diese Legionellen.

Als der Vater des Kindes kurze Zeit später nach Hause kommt, ist sie von der Unabwendbarkeit der Katastrophe bereits fest überzeugt. Sie bricht zusammen, ist nicht mehr in der Lage, sich um das Baby zu kümmern, nicht mehr fähig, auch nur einen Schritt zu tun. Die Angst hat sie vollkommen im Griff. Der Vater des Kindes nimmt ihr das Baby ab und hilft ihr, die nächste Minute zu überstehen, und dann die nächste.

— Ich lasse dir jetzt die Badewanne ein. Du setzt dich so lange auf die Bank hier. Steig in die Wanne. Ja genau, rechtes Bein, linkes Bein. Ich komme in zwanzig Minuten wieder, schaue aber zwischendurch nach dir.

Handtuch reichen. Abtrocknen. Bademantel anziehen.

— Ich habe Abendessen gekocht. Es steht in der Küche. Komm mit mir dorthin.

Gabel zum Mund. Kauen. Schlucken. Nächster Bissen.

— Jetzt gehen wir Zähneputzen. Dein Bett habe ich schon gemacht, komm mit. Ich lege den Kleinen hin.

Schlafen.

Es ist nicht das erste Mal, dass Ereignisse, die andere Menschen für Lappalien halten, bei ihr selbst bedrohliche Angstfantasien nähren. Einige Wochen zuvor hat der Vater des Kindes dem Baby zum ersten Mal die Fingernägel geschnitten. Mit der Babynagelschere funktionierte es nicht richtig, also verwendete er die normale Nagelschere und fügte dem Sohn damit eine winzige, blutende Verletzung zu. In kopfloser Panik klapperte sie danach sämtliche Apotheken des Viertels ab, kaufte Pflaster und Mullbinden (alles viel zu groß und daher ungeeignet für diesen unendlich kleinen Babyfinger), antiseptische Salben und Desinfektionsmittel. Es würde alles nichts nützen, eine schwere Blutvergiftung war vorprogrammiert, und wohin diese führen konnte, war nicht auszudenken (konnte aber leicht gegoogelt werden, die Aussichten waren niederschmetternd).

Das Baby bekam keine Blutvergiftung. Es schien den kleinen Schnitt, der nach zwei Tagen kaum mehr zu sehen war, gar nicht zu bemerken. Das hinderte sie aber nicht daran, bald darauf wieder vom Schlimmsten auszugehen. Einmal mochten sie Glück gehabt haben, aber ein zweites Mal würden sie nicht mehr so glimpflich davonkommen.

Kurz darauf verbringen sie einige Urlaubstage auf Rügen, es ist ihr erster »Familienurlaub«. Auf einer Wanderung im Naturschutzgebiet Mönchgut kamen sie in einen heftigen Regensturm. Am von ihrem Ferienhaus weitestentfernten Punkt hatte es plötzlich zu schütten begonnen, sie waren nicht für schlechtes Wetter gerüstet, hatten nur einen kleinen Regenschirm dabei. Das Baby schlief in der Trage an der Brust seines Vaters, dick eingepackt in seinem Walkoverall. Der Regen kam von der Seite, der Wind zerrte am Schirm, der sich schon nach wenigen Minuten in ein grotesk bespanntes Metallskelett verwandelt hatte, das kaum Schutz bot. Der Walk war im Fußbereich bald vollgesogen. Das Baby würde eine Lungenentzündung bekommen, so viel war sicher! Was würde alles auf sie zukommen? Nächte auf der Intensivstation, die Ärzte würden mit allen Mitteln um das Leben des Kindes kämpfen, gemeinsam mit dem Vater des Kindes würde sie im kalten Neonlicht der Krankenhausgänge hoffen und bangen.

Auch diese düstere Vision wurde nicht Realität. Als sie nach der Wanderung ins Haus kamen, brach gerade die Sonne durch den bewölkten Himmel, das Kind erwachte und ließ sich strahlend aus der nassen Wolle schälen, warm und vergnügt.

Die Angst aber hat sie seit diesen beiden Erlebnissen nicht mehr verlassen. Jeder Moment konnte eine neue Bedrohung bringen. Bisher sind sie verschont geblieben, aber die Legionellen gehören ohne Zweifel in eine ganz andere Gefahrenklasse.

Drei Wochen nachdem der Aushang im Hausflur angebracht worden ist, sitzt sie mit dem Vater des Kindes beim Abendessen, das Gespräch dreht sich um Unbedeutendes, die Pläne für Weihnachten, das Wetter, um eine Ausstellung, die sie am Wochenende besuchen wollen. Nach einer Minute der Stille erzählt der Vater des Kindes, dass die Hausverwaltung gestern in einem Schreiben den Abschluss der Überprüfung der Warmwasseranlage gemeldet hätte. Alles o. k., keine Legionellen.

Ungläubig lässt sie die Gabel sinken und sieht ihn an. GESTERN? ALLES O. K.? Sie selbst wägt im Geiste seit Wochen die grauenvolle Zukunft ab, und er erwähnt das unauffällige Testergebnis (und damit den Umstand, dass das Kind doch nicht an einer Legionelleninfektion sterben wird) ZWISCHEN EINEM BISSEN TORTELLINI UND IRGENDWELCHEN TERMINPLANUNGEN? Sie ist fassungslos – das mehr noch als erleichtert –, und gleichzeitig stellt sich das Gefühl der Einsamkeit wieder schlagartig ein: Niemand außer ihr selbst ist in der Lage, das Leben mit Baby in seiner ganzen Tragweite zu begreifen.

*

Ein paar Tage später kommen die Schwiegereltern aus dem Südwesten Deutschlands wieder nach Berlin, wie immer beladen mit Wein und Braten und Ostheimer Holzspielzeug (wenn das Kind schon nicht in einen Waldorf-Kindergarten gehen wird, dann soll wenigstens das Wohnzimmer aussehen wie einer).

Nach dem gemeinsamen Abendessen könnten sie und der Vater des Kindes etwas unternehmen, zu zweit! Sein Bruder habe ein paar Leute eingeladen, ob sie nicht gemeinsam auf einen Drink vorbeischauen wollten? Liebe Leute, kleine Runde. Geht doch, bestärken sie die Schwiegereltern, wir passen gerne auf den Kleinen auf, es tut euch sicher gut, mal rauszukommen.

Sie wühlt im Schrank, lauter Hosen, die noch nicht wieder passen, zu enge Oberteile. Vielleicht könnte man die Umstandsjeans mit einer coolen Bluse ... nein ... das weite Kleid sieht vielleicht mit hohen Schuhen besser aus ... nein. Im Spiegel sieht sie nur ihren immer noch unförmigen Körper, die glanzlosen Haare. Dann also wieder die ewig gleiche Hose, dazu wenigstens den Kaschmir-Pullover, aber der Lippenstift lässt sie wie einen grotesken Clown wirken, dessen müde Züge die Farbe noch hervorhebt.

Gestresst hastet sie durch die Wohnung. So sehr hat sie diesen Moment herbeigesehnt, in dem sie endlich wieder ausgehen kann, und jetzt klappt es nicht. Sie ist doch so fest entschlossen, die ersten düsteren Wochen hinter sich zu lassen, aber alles hat sich gegen sie verschworen. Die Kleider, die noch vor kaum einem Jahr so cool und elegant waren, fallen komisch, sie sind faltig und von unvorteilhafter Farbe. Du kannst gar nichts anderes mehr sein als Mutter, scheinen sie hämisch zu flüstern, die Hosen mit Gummizug und die weiten T-Shirts. Auch, wenn du dich noch so sehr anstrengst, es wird nicht klappen, Du bist einfach nicht mehr die schöne Frau von einst, und du sollst es auch nicht mehr sein, Oberflächlichkeiten werden jetzt eingetauscht gegen den großen Sinn, gegen die wahre Erfüllung des Lebens. »Mit dem Kind haben sich meine Prioritäten total geändert«, raunen die Mamaforenstimmen dazu im Chor.

Wütend folgt sie dem Vater des Kindes zum Auto. Sie steigt ein, aber schon in diesem Moment weiß sie, dass sie nicht mitkommen kann.

– Natürlich kannst du, redet er ihr gut zu, das wird sicher nett.

Er startet den Motor und fährt los, nach Süden, über die Brücke. Sie fängt an zu weinen.

– Nein, ich kann wirklich nicht, ich schaffe das nicht. Ich kann niemandem Hallo sagen, ich kann gerade keinen Smalltalk führen.

– Das musst du doch auch gar nicht. Die haben selbst ein Kind, die verstehen sicher, dass du ein paar Wochen nach der Entbindung nicht in großer Redelaune bist.

– Nein, es geht nicht, bitte lass mich aussteigen.

– Wirklich? Ich muss da auch nicht hin, soll ich nicht lieber mit dir wieder nach Hause fahren?

– Nein, ich möchte alleine sein, wirklich. Wirklich. Fahr du nur, wir sehen uns später, ich bin in einer Stunde wieder daheim.

Sie springt aus dem Auto, der Asphalt nass vom Nieselregen, eisige Kälte kündigt eine frühe Winternacht an. Wohin jetzt?

Die Fenster der vielen Bars in der Straße sind beschlagen, aber schon die Vorstellung, sich zu den lachenden, aufgekratzten Menschen zu gesellen, ist ihr unerträglich. Die ruhige Gelassenheit aufzubringen, derer es bedarf, um ein Lokal zu betreten und einen Gin Tonic lang alleine an der Bar sitzend den Blick schweifen zu lassen, Gespräche mitzuhören oder den eigenen Gedanken nachzuhängen, hatte sie in der Vergangenheit keine Mühe gekostet, jetzt ist sie unerreichbar. Abgesehen von dem Selbstbewusstsein, das man braucht, um einen Abend lang alleine unterwegs zu sein, ohne sich einsam oder verloren zu fühlen, und über das sie momentan nicht verfügt, melden sich auch die Bedenken wieder zurück, die hinter jeder Möglichkeit unlösbare Probleme sehen. Ihre Kleidung würde nach Rauch riechen, wenn sie zurück nach Hause käme, die Haut auch – was, wenn das Baby dann (wie es manchmal vorkommt) deswegen nicht trinken wollte? Würde die Zeit bis zum nächsten Stillen reichen, um gründlich zu duschen und auch noch die Haare zu waschen? Wie lange würde sie dann überhaupt bleiben können, sie hatte ja angekündigt, in einer Stunde wieder zurück zu sein? Wäre es nicht total lächerlich, für fünfzehn, vielleicht maximal siebzehn Minuten, die ihr – schnelle Überschlagsrechnung – blieben, eine Bar zu besuchen? Sie lässt es sein.

Sollte sie in den Minuten, die sie noch hatte, nicht lieber jemanden anrufen? Endlich mal ein längeres Telefonat führen mit einer Freundin. Aber welche soll sie anrufen? Die eine bringt wahrscheinlich gerade ihre Kinder ins Bett, die andere ist am Samstagabend sicher unterwegs, der dritten müsste sie erst erklären, warum sie sich so lange nicht gemeldet hat. Also nein.

Warum nicht ein Bier auf einer Parkbank trinken, ist doch auch o. k.

Die Flasche ist noch kälter als die Luft, die sie ohnehin schon frieren lässt. Eiligen Schrittes sucht sie nach einer Sitzgelegenheit, vergeblich. Die wenigen Bänke sind besetzt, es findet sich nicht einmal ein Mauervorsprung, auf dem sie sich niederlassen könnte.

Endlich entdeckt sie eine Bierbank vor einem Späti, die wohl deshalb frei ist, weil sie unmittelbar hinter dem Wartehäuschen einer Bushaltestelle platziert ist. Sie lässt sich nieder, den Blick auf die Plakatwand gerichtet, die die Rückseite des Wartehäuschens bildet. Bald ist sie umringt von Menschen, die auf den Bus warten. Da hat sie eine Stunde für sich und dann landet sie hier, in der klirrenden Kälte, umstellt von Fremden, mit versperrter Aussicht. Wie passend.

Traurigkeit breitet sich aus, kalt und total. Hier möchte sie nicht bleiben, aber alle Alternativen hat sie bereits ausgeschlossen. Nur nach Hause kann sie, obwohl sie doch endlich einmal alleine sein könnte, weg von dem Baby, das immer nur an ihr hängt. Wieder diese Ausweglosigkeit.

Dass die Verzweiflung sie bis ans andere Ende der Stadt verfolgt, verschreckt sie. Sie lässt die Bierflasche halb voll stehen und macht sich auf den Heimweg.

Zeitgleich mit dem Vater des Kindes kommt sie an, und nachdem sie die babysittenden Großeltern abgelöst haben, erzählt sie ihm von den letzten eineinhalb Stunden als von einem missglückten Abend, alles halb so schlimm.

Es ist gar nicht so, dass sie ihm etwas verheimlichen möchte. Eher liegt ihr daran, ihren Zustand auch vor sich selbst herunterzuspielen, man muss ja nicht jede kleine Verstimmung auf die Goldwaage legen. Also beteuert sie auch, dass er noch ausgehen soll, das war seit Wochen geplant und abgemacht. Er will sich mit Freunden in einer Bar treffen und danach noch auf eine Literaturparty in einen kleinen Club in der Nähe gehen. Er ist unsicher, fragt, ob das wirklich kein Problem sei. Nein, wirklich nicht, geh nur, der Kleine schläft ja schon, ich lege mich gleich neben ihn, was soll denn sein?

Als sie im Bett liegt, kommt die Angst. Sie kommt nicht auf leisen Sohlen, sie schlägt zu, mit einer Brutalität, wie sie sie noch nie kennengelernt hat. Die Angst hat keinen konkreten Gegenstand, an den sie sich heftet, sie ist – wieder so ein Sprachbild, das plötzlich körperlich erfahrbar wird – nackt. Die Angst vor Lautstärke und Überreizung, die Angst vor stundenlangen Schreiphasen des Kindes, die Angst, sich selbst verloren zu haben, sie verdichtet sich zu einer massiven, gegenstandslosen Schwärze und löst sich gleichzeitig auf in die Gewissheit, keine Sekunde mehr weitermachen zu können. Versuch zu schlafen, zu schlafen, schnell, schlaf ein, dann geht die Angst weg. Aber sobald sie die Augen schließt, reißt die Wirklichkeit auseinander. Sie vervielfältigt sich, das Reale und das Imaginäre sind nicht mehr zu trennen. Sie sieht sich, von innen und außen gleichzeitig, spürt sich zum Fenster gehen, den Hebel um neunzig Grad drehen, das Fenster öffnen, auf das Fensterbrett steigen und --- springen.

Sie reißt die Augen auf.

Sie hat es nicht getan.

Fast überrascht stellt sie es fest, aber da erlangt die Vorstellung vom Gang zum Fenster erneut eine solche Realität, zieht sie fast magnetisch an, dass sie sich nicht mehr darauf verlassen kann, wirklich noch im Bett zu liegen. Ist sie das noch, die hier neben ihrem Baby auf dem Bauch liegt, oder ist sie die, die sich aufsetzt und zum Fenster geht? Sie reißt die Augen auf, um ihrem Sehsinn Kontrolle über die Wirklichkeit einzuräumen, aber dann übernimmt der Körper. Sie *sieht* zwar das weiße Laken und, wenn sie ihren Kopf nach links dreht, das Baby, aber sie *spürt* schon die Dielen unter ihren nackten Füßen, das Plastik des Fensterhebels.

Das Ich hat sich aufgespalten, die Instanz, die all die Sinne zusammenhält, ist fort. Sie krallt sich an der Matratze fest in der Hoffnung, ihre Hände würden stärker sein als dieser halluzinierte Magnet, der unter dem Asphalt vier Stockwerke unter dem Schlafzimmerfenster eingelassen scheint. Keine Sekunde kann sie an das Kind denken, was es für ihren Sohn bedeuten würde, ohne Mutter aufzuwachsen, was für den Vater des Kindes, für ihre eigenen Eltern. Ihre ganze Konzentration braucht sie, um die andere Wirklichkeit, die, in der sie sich umbringt, abzuwehren. Sie spricht mit sich, laut: Geh in die Küche, ins Licht, mach einen Tee. Die Anweisung funktioniert. Sie schaltet den Wasserkocher ein, schafft es, einen Beutel Kräutertee aus der orangefarbenen Dose zu ziehen, den Tee aufzubrühen. Beinahe noch kochend, trinkt sie ihn, sie will ihre Lippen verbrennen und die Zunge auch, vielleicht kann der Schmerz sie daran erinnern, dass die echte Wirklichkeit hier ist, vielleicht kann er verhindern, dass es sie wieder zum Fenster zieht.

Das hier ist kein Spaß mehr. Das hier ist kein *Baby Blues*. Das hier ist kein verunglückter Abend. Das hier ist Ernst. So ernst, dass sich alle Überlegungen, ob man den Vater des Kindes an seinem ersten freien Abend seit Monaten stören könne, gar nicht stellen. Sie schreibt ihm eine Kurznachricht: Bitte komm sofort nach Hause, es geht mir nicht gut. Er antwortet nicht. Der Blick zum Fenster, das harte Holz des Stuhls, auf dem sie sitzt. Sitzt sie wirklich noch? Hinunter, in die Dunkelheit, springen, fallen, Beton. Bleib hier, befiehlt sie sich, schau immer diese kleine Kerbe im Küchentisch an, dann bist du noch da. Vier Stockwerke, nach unten, weg von allem. Die Schwerkraft zieht an ihr. Zwölf Minuten nach der SMS – es ist 2.39 h – ruft sie ihn an. Er hebt ab, Partylärm im Hintergrund.

Bitte komm, ich kann nicht mehr.

*

Als sie aufwacht, steht die Sonne hoch am Himmel. In der Wohnung ist es ganz ruhig. Der Vater des Kindes hatte ihr, nachdem er zu ihr und dem Baby gerast war, die Tropfen verabreicht, die ihr ihre Mutter einmal für »psychische Notfälle« zugesteckt hatte. Sie war sofort eingeschlafen.

Nun tappt sie in die Küche, wo ihre Schwiegermutter Zeitung liest. Besorgt blickt sie auf, als sie sie hereinkommen hört.

— Ach Mädchen, was ist denn los mit dir?

Der Vater des Kindes ist wie jeden Samstagvormittag bei seinem älteren Sohn, der Großvater unternimmt mit dem Baby einen Spaziergang. Der Schlaf hat gutgetan, aber die Verzweiflung hat er nicht aufgelöst. Sie fängt sofort wieder an zu weinen. Sie kann nicht mehr. Diese schreckliche Angst, diese schreckliche Gewissheit, sich selbst verloren zu haben, in einem Leben gefangen zu sein, aus dem es keinen Ausweg gibt.

Die Schwiegermutter begleitet sie ins Badezimmer. Eine warme Dusche wird dir guttun, und dann reden wir weiter und besprechen, was zu tun ist. Wir könnten uns an den Kanal setzen und dort frühstücken, es ist ganz sonnig und schön.

Die vier Stockwerke runter, raus aus der Haustüre. Nach zehn, fünfzehn Metern bricht sie zusammen. Sie schafft keinen weiteren Schritt mehr. Selbst das Gehen, diese Bewegung, über die sie doch eigentlich nicht nachdenken muss, die ihr Körper sonst immer wie von selbst ausführt, kostet sie Anstrengung. Zu viel Anstrengung. Sie sackt auf den Boden, vor all den Wochenendspaziergängern, es ist egal. Nichts geht mehr. Sie weint und weint und weint. Sie sinkt ins Bodenlose, ganz nach unten. Die Schwiegermutter schleppt sie wieder nach oben, erschrocken über diese massive Verzweiflung.

Am Nachmittag versammelt sich die Familie zur Beratung im Wohnzimmer. Sie selbst sitzt regungslos daneben und hört zu, was beschlossen wird. Der Vater des Kindes wird alle Termine für die kommende Woche absagen. Eigentlich müsste er zu seiner Universität in die niedersächsische Provinz pendeln, aber er wird in Berlin bleiben, um das Baby zu betreuen und sich um sie zu kümmern. Die Schwiegereltern werden schon am kommenden Wochenende wieder anreisen. Sie selbst werde, wird entschieden, gleich am nächsten Tag zu ihrer Gynäkologin fahren (mit dem Taxi, sagt die Schwiegermutter, ich lege dir die dreißig Euro dafür gleich neben deine Tasche), um abzuklären, was mit ihr los ist.

— Und am Dienstag gehst du dann zu deinem Psychoanalytiker und hörst, was er dazu sagt. Wenn es dir recht ist, schreibe ich ihm gleich eine SMS und mache einen Termin aus.

Sie ist unendlich dankbar, obwohl sie zu diesem Zeitpunkt noch nicht ermessen kann, was für ein Glück sie hat mit dieser Reaktion – ein Glück, das in erster Linie der sozialen Klasse geschuldet ist, der sie angehört. Eine bildungsbürgerliche Umgebung, in der Menschen psychisch krank werden dürfen, in der man einen Therapeuten hat, zu dem man mit dem Taxi fahren kann, in der es nicht heißt, man müsse sich einfach nur zusammenreißen. Man solle doch bitte einfach mal ein bisschen weniger hysterisch sein. Man solle sich doch wirklich einmal überlegen, wie viele Frauen sich über ein gesundes Kind freuen würden, bevor man hier anfängt herumzuheulen. Ein gesellschaftliches Umfeld, in dem man nicht spöttisch zu hören bekommt, dass es nie schön sei, den eigenen Egoismus aufzugeben, weil halt jetzt jemand anders wichtiger sei als man selbst. Dass es einfach nur lächerlich sei, jetzt so auszuflippen. Übertreib doch nicht so, steigere dich doch nicht so hinein! Es haben so viele Frauen Kinder bekommen, die haben es auch geschafft. Also bitte.

*

Die Empfehlungen der Gynäkologin und des Psychotherapeuten sind einhellig: Sie müsse eine Spezialistin aufsuchen. Da ist sie wieder, die Spezialistin, von der schon kurz nach der Geburt ihres Sohnes die Rede war, nur diesmal eben eine in Berlin, deren Visitenkarte ihr die Frauenärztin mitgibt. Die Spezialistin ist Psychiaterin, »Schwerpunkt peripartale Störungen und Krisen« steht unter ihrem Namen. Sie schreibt ihr eine Nachricht:

»Sehr geehrte ...
Meine Gynäkologin hat mir dringend empfohlen, mich wegen einer akuten Postpartalen Depression an Sie zu wenden. Mein Sohn ist ca. 4 Monate alt, bis vor ca. 2 Wochen ging es mir nicht wirklich gut, ich war aber so weit stabil und konnte den Alltag abgesehen von einigen Tiefs weitgehend problemlos bewältigen. Seitdem geht es stetig bergab, ich sehe gar kein Licht mehr; Hilfe habe ich mir schon bei einer Beratungsstelle geholt, die gleich ums Eck meiner Wohnung lag, das ist jetzt mit dem Umzug nach Kreuzberg in die Wohnung meines Freundes aber auch als Möglichkeit weggefallen.
Am Wochenende hatte ich ein beängstigendes Tief, ich war alleine zu Hause und hatte plötzlich wahnsinnige Angst, mir etwas anzutun; mit Hilfe meines Freundes, der alle beruflichen Termine abgesagt hat und sich diese Woche frei genommen hat (und jede Nacht auf das Baby aufpasst und es versorgt, damit ich schlafen kann), von Eltern und Schwiegereltern, die sämtlich nicht in Berlin leben, aber nun anreisen werden, bin ich die kommenden zwei

Wochen betreut, bin aber ganz unsicher, wie es danach weitergehen kann.
In der Hoffnung, bald von Ihnen zu hören, verbleibe ich
mit freundlichen Grüßen,
...«

Bereits am nächsten Tag die Antwort:

»Vielen Dank für Ihre Mail. Vorab möchte ich Ihnen mitteilen, dass es vielen Frauen geht wie Ihnen und es gut ist, dass Sie sich Hilfe holen.« Eigentlich sei sie ausgelastet und könne keine neuen Patientinnen mehr aufnehmen, wolle sie angesichts des Ernstes der Lage aber auch nicht hängenlassen, sie solle also am kommenden Dienstag vorbeikommen.

Die Praxis befindet sich in einem Neubau in Berlin Mitte, überall Glas, teurer, polierter Stein und gebürsteter Stahl. Mit dem Fahrstuhl ins Dachgeschoss, der Blick über die Stadt ist überwältigend. Der Fernsehturm zum Greifen nah, er scheint aus dem mattgrünen Seegras zu wachsen, mit dem die Dachterrasse bepflanzt ist, auf die man aus dem Wartezimmer treten kann. Alles ist in Schwarz und Rot gehalten. Glänzende USM-Regale, Eames Lounge Chairs, das *Barcelona Daybed* von Le Corbusier, darunter Körbe voller Kinderspielzeug aus Holz.

Sie muss an die Beratungsstelle denken, in der sie vor wenigen Wochen war. Die unterschiedlichen Ästhetiken der Räume, in denen der versehrte Mutterkörper behandelt wird, können kein Zufall sein. Spiegeln sie die verschiedenen Methoden wider, mittels derer man die psychisch Kranken therapiert? Eine simple Gegenüberstellung würde der Komplexität der ganzen Angelegenheit wohl nicht gerecht werden: die warme, empathische, wenngleich auch historisch anmutende Beratungsstelle mit ihren Schwammtechnikwänden, der pflegeleichten Baumwolle, den Farben aus dem Körperinneren auf der einen Seite; und die kühle, gläserne, auf medizinisch-therapeutische Professionalität bedachte Arztpraxis, in der Rezepte geschrieben werden, Hormonströme reguliert und die Biochemie wieder in Ordnung gebracht wird, auf der anderen Seite. Nein, mit dieser klischeehaften Opposition würde man es sich zu einfach machen – oder kann es sein, dass die Räume, die der Therapie der pathologischen Mutter dienen, letztlich genauso klischeehaft sind wie die gesellschaftlichen Vorstellungen über ebendiese?

Die Tür zum Sprechzimmer öffnet sich. Die Psychiaterin, eine strenge Frau Mitte fünfzig, trägt die Farben ihrer Praxis, Schwarz und Rot. Die mittelbraunen Haare schulterlang, aus dem schmalen Gesicht stechen die mit dunklem Kajal umrahmten Augen heraus. Sie hat ein kurzes, weit schwingendes Kleid an, darüber eine Wolljacke, die sie vor ihrer Brust zusammenzieht, als sei ihr plötzlich kalt geworden. Überhaupt vermittelt sie den Eindruck ständigen Fröstelns. Sie scheint die Wetterlage falsch eingeschätzt zu haben und nun mit wärmeren Stücken, die vielleicht noch in der Praxis waren, Abhilfe zu suchen: der Wolljacke und einem paar Stulpen, die sie über die Strumpfhose gezogen hat und die von den Riemchenpumps bis kurz unters Knie reichen.

Sie bittet ihre Patientin ins Sprechzimmer, steuert selbst den tiefen Ledersessel in der linken hinteren Ecke an und weist auf den gegenüberliegenden Fauteuil, der mit dem Rücken zur verglasten Terrassenwand steht. Sobald sie sich setzt, schlägt sie die Beine übereinander, als wolle sie der als zu kühl empfundenen Luft möglichst wenig Angriffsfläche bieten. Sie zieht die Jackenbündchen herunter, bis nur noch die Fingerspitzen zu sehen sind.

– Wie geht es Ihnen, fragt die Psychiaterin sehr leise.

Sie wird diesen Satz noch viele Male hören in den nächsten Monaten, in denen sie die Praxis aufsuchen wird, und jedes Mal wird sie sich über die Kraft dieser vier Worte wundern, über die Gefühle, die auszulösen sie im Stande sind. Wie es einem ginge, diese Frage hört man doch so oft, von der Kollegin, die man vor zehn Jahren mal auf einer Konferenz kennengelernt und seitdem nicht mehr gesehen hat, bis sie plötzlich auf dieselbe U-Bahn wartet wie man selbst, vom Friseur, von der Besitzerin des Stammcafés. *Super*, sagt man dann, oder *Danke, gut*, und wenn es wirklich nicht gut läuft, auch mal, *Geht schon*.

Und jetzt das: die Frage nach dem Befinden, ernsthaft gestellt. Eine Aufforderung. Also erzählt sie: Von der Schwangerschaft und der Geburt ihres Sohnes, von den ersten »Heultagen« und der Ratlosigkeit, als diese auch nach zwei Wochen nicht vorbei waren. Sie erzählt von der grellen Schlaflosigkeit und den Abenden, an denen sie an die Badewanne gelehnt weint – ein Weinen, das angesichts ihrer unendlich tiefen Verzweiflung in ein kehliges Schreien übergeht –, sie erzählt vom Horror des Tagesanbruchs. Sie erzählt, wie es ist, täglich in einen Albtraum hinein die Augen zu öffnen, erzählt vom ersten Gedanken, der sich jeden Morgen aufs Neue einstellt: Es ist immer noch nicht vorbei. Sie erzählt vom Schrecken dieser Tage, die keinen anderen Inhalt haben, als das Kind viermal zum Einschlafen zu bringen, vom ewigen Gehen und Schaukeln. Erzählt, wie schwer ihr alles fällt, wie unmöglich selbst der kleinste Ausflug scheint, wie belastend schon der Gedanke an einen Einkauf im Supermarkt oder der Gang zum Amt ist, erzählt von den verrückten Plänen und irren Berechnungen, mit denen sie den Alltag dennoch zu bewältigen sucht, von der Panik, von der Leere. Vom schmerzenden Beckenboden, der sich anfühlt, als würde eine Stahlkugel nach unten ziehen, von den Nackenschmerzen vom

Stillen, von den Rückenschmerzen vom Tragen, von den schmerzenden Brüsten. Vom schmerzenden Herzen: Von dem Horror, Liebe nicht zu fühlen, aber dennoch zu ihr gezwungen zu werden. Von der Angst, das Kind könne nur seinen Vater lieben, der es mühelos zurücklieben kann.

Die Psychiaterin muss nach diesem Monolog zunächst nicht weiter nachfragen. Sie litte an einer Postpartalen Depression, eröffnet sie ihr rundheraus (sehr leise, aber mit großer Bestimmtheit), sie habe deren Symptome soeben in großer Ausführlichkeit beschrieben. Es könne jeden treffen, aber sie – überaus selbstbestimmtes Leben, Beruf, der eher als Erfüllung denn als Lohnarbeit angesehen wird, aber dennoch sehr aufwändig und zeitintensiv ist, jenseits der vierzig – sei alleine aufgrund dieser Parameter extrem gefährdet. Man dürfe nicht leichtfertig mit einer solchen Depression umgehen – die Psychiaterin blickt sie ernst an –, sie selbst und ihr gesamtes Umfeld müssten nun so reagieren, als hätte sie beide Arme und beide Beine gebrochen. Schlaf stünde an oberster Stelle. Der Vater des Kindes müsse von nun an alle Nächte alleine übernehmen, sie müsse durchschlafen können, denn fortgesetzter Schlafmangel würde die Lage noch verschärfen. Er solle sämtliche berufliche Verpflichtungen absagen, am besten die nächsten Wochen Pflegeurlaub nehmen. Die Kosten für eine Haushaltshilfe würden von der Krankenkasse übernommen, sie (die plötzlich zur »Patientin« geworden ist) bedürfe der Ruhe und Schonung. Sie solle regelmäßig Aktivitäten nachgehen, die ihr guttäten. Im Laufe der nächsten Sitzungen (sie müsse mindestens alle zwei Wochen vorstellig werden) könne man gemeinsam entscheiden, ob ein Aufenthalt in einer Klinik sinnvoll wäre (Mutter-Kind-Therapie, was für eine irre Idee! Wenig war unvorstellbarer, als drei Wochen ALLEINE MIT DEM KIND in irgendeinem Kurheim zu verbringen, Basteleien an den Fenstern, Linoleumflure, Schnabeltassen in bunten Farben in Buchenholzregalen, Spaziergänge durch nordrhein-westfälische Stadtwäldchen, gefolgt von Gesprächsrunden, in denen ganz ungezwungen gestillt werden durfte). Sie solle möglichst nur die guten Zeiten mit ihrem Kind verbringen, sich von ihm bezaubern lassen. Sich die Chance geben, seinem Charme zu erliegen.

Sie hat keine Ahnung, was damit gemeint sein soll.

Am Ende der Sitzung fragt die Psychiaterin, ob sie sich vorstellen könne, die Depression medikamentös zu behandeln, sie jedenfalls würde das mit Nachdruck empfehlen.

Sie verlässt die Praxis mit einem Rezept für ein trizyklisches Antidepressivum, das zur Erhöhung der Konzentration von Serotonin und Noradrenalin im synaptischen Spalt führt und auf diese Weise Angst und Unruhezustände vermindert.

Ein erster, leiser Zweifel, dass diese Abgründe, diese Ambivalenzen aus Nähe und Distanz zu ihrem Kind, ihre Angst vor dem Sohn und ihre Sorge um ihn, die komplexe Erfahrung der Auflösung ihrer eigenen Subjektivität, letztlich – auch wenn Gespräche geführt und die Bindung untersucht, wenn soziale Ursachen besprochen werden würden – doch nur Ausdruck biochemischer Prozesse sein sollen.

*

Kaum zu Hause angekommen, wirft sie sich, sobald ihr Sohn schläft, in die Textfluten. Recherchieren, nachforschen, Hintergründe suchen – mit den ihr vertrauten Methoden möchte sie der Diagnose auf die Spur kommen, möchte Genaueres wissen. Plötzlich weiß sie auch, was mit zwei kinderfreien Stunden anzufangen ist: Auf in die Bibliothek!

Schnell erfährt sie aus der Lektüre von medizinischen und psychologischen Fachartikeln und Monographien, dass etwa 15 % aller Mütter eine behandlungsbedürftige Depression entwickeln, die aufgrund ihres zeitlichen Zusammenhanges mit der Geburt als Postpartale Depression (PPD) oder Wochenbettdepression bezeichnet wird. Problematisch ist, dass die Kernsymptome der Postpartalen Depression – etwa Schlafstörungen und verminderter Appetit – während der Schwangerschaft durch schwangerschaftsbedingte physiologische Veränderungen überdeckt werden; nach der Entbindung wiederum werden depressive Symptome häufig mit einer geburtsbedingten Erschöpfung verwechselt. Aber auch wenn eine Postpartale Depression richtig diagnostiziert wird, nehmen nur 20 bis 40 % der depressiven Frauen professionelle Hilfe in Anspruch. Geldmangel, sozialer Druck, fehlende partnerschaftliche bzw. familiäre Unterstützung sowie die Scham, den eigenen bzw. gesellschaftlichen Erwartungen nicht zu entsprechen, führen in der Mehrzahl der Fälle dazu, dass Frauen sich nicht von Fachleuten helfen lassen.

»Einer richtigen Mutter passiert so was nicht«, »Reiß dich zusammen, das wird schon«, »Millionen von Frauen haben Kinder auf die Welt gebracht und sich nicht so angestellt wie du« – es sind Sätze, die nicht einfach gemein und lieblos sind. Es sind Sätze, die krank machen.

Alle Zahlen, die sie zur Postpartalen Depression finden kann, deuten darauf hin, dass die Krankheit nicht nur weiterhin unterschätzt, sondern mit Blick auf ihre Ausbreitung auch nach wie vor nur sehr unvollständig erfasst ist und es eine extrem hohe Dunkelziffer gibt. Fast alle Studien sind sich daher einig, dass die Postpartale Depression ein großes, nach wie vor tabuisiertes Problem ist – qualitativ, mit Blick auf die massiven Konsequenzen, die es für Mutter und Kind bzw. deren Bindung haben kann, aber auch quantitativ angesichts der hohen Fallzahlen. Ihre Symptome sind vielfältig. Angeführt werden in der Fachliteratur sowie in den Ratgebern, die sie zur Hand nimmt, tiefe Traurigkeit, Reizbarkeit, Interesseverlust und Antriebsstörungen, chronische Erschöpfung, Schlaf- und Appetitstörungen, Ängste und Zwangsgedanken, der Eindruck, nichts fühlen zu können bzw. gar keine Energie für Liebe oder Zuneigung aufbringen zu können, das Gefühl, mit dem Kind nichts anfangen zu können, sowie der Eindruck, dem Kind eine schlechte Mutter zu sein bzw. die Mutterrolle nicht ausfüllen zu können.

Was die Ursachen für das Auftreten einer Postpartalen Depression betrifft, sind Fachleute sich einig, dass die hormonelle Umstellung, insbesondere der Abfall des Östrogenspiegels nach der Geburt, maßgeblich ist. Neben biologischen Ursachen – zu denen auch noch depressive Vorerkrankungen sowie angeborene genetische Faktoren zählen, die ebenfalls mit der Östrogenregulierung in Zusammenhang stehen – betonen alle Studien die Bedeutung psychischer bzw. psychosozialer Gründe. Darunter fallen etwa eine schlechte Beziehungssituation, mangelnde familiäre bzw. partnerschaftliche Unterstützung, Stress oder Traumata während Schwangerschaft oder Geburt, aber auch der mit der Geburt eines Kindes verbundene Autonomieverlust für die Frau, Rollenkonflikte (Frau – Mutter), Veränderungen der Partnerschaft sowie ggf. der beruflichen und finanziellen Situation und die Schwierigkeiten, die sich aus der Differenz zwischen gesellschaftlich vermittelten Mutterbildern und der eigenen Erfahrung ergeben können.

Als therapeutisch vorrangig wird gemeinhin die Sicherstellung des Schlafs der betroffenen Mutter genannt. Des Weiteren soll – möglichst durch Einbeziehung von Partnern, von Freundinnen, Familie, aber auch externen Helfern – die Entlastung der Mutter gewährleistet werden, die dadurch leichter und ohne den stressigen Alltagsballast eine Beziehung zu ihrem Kind aufbauen kann. Psychotherapie ist der zweite wichtige Eckpfeiler zur Behandlung einer Postpartalen Depression; die meisten Studien weisen auf die guten Ergebnisse hin, die durch eine pharmakologische Behandlung (in erster Linie mit Antidepressiva) als Unterstützung der psychotherapeutischen Begleitung erzielt werden können.

Gemeinhin gilt die Postpartale Depression als sehr gut heilbar – Voraussetzung dafür ist allerdings, dass sich die betroffene Frau Hilfe sucht bzw. durch ihr Umfeld darin unterstützt wird. Denn nicht behandelt, kann die Erkrankung zu schweren und nachhaltigen Störungen der Mutter-Kind-Beziehung wenn nicht gar zum Selbstmord der Frau führen.

Nun hat sie also eine Diagnose. Was bedeutet das?

Zunächst einmal verleiht es ihr Sicherheit – nicht umsonst wird das griechische *diagnosis* mit Unterscheidung bzw. Entscheidung übersetzt. Das Leiden hat einen bestimmten Ursprung; es gehört zu diesem Krankheitsbild und nicht zu jenem. Eine Diagnose bringt Ordnung in die wilden Spekulationen, sie zähmt die Unsicherheit und erhellt das ratlose, schmerzvolle Dunkel. Eine Diagnose bedeutet Aufklärung. Sie lässt die Kranke in die Welt der Wissenschaft treten, in die Welt der Klassifikationen, der Kausalitäten, in die Welt der Statistik.

Eine Diagnose geht mit einer Taufe einher. Die Krankheit hat einen Namen, mit dem die Kranke fortan belegt wird. Die Postpartum Depression. Die Depressive. Auf diese Weise wird einerseits das Normale vom Pathologischen geschieden (und sie selbst auf der Seite des Pathologischen einsortiert), aber wer die Dinge benennen kann, erlangt andererseits auch Macht über sie. Der Schrecken (schließlich hat er ja auch häufig das Adjektiv »namenlos« an seiner Seite) zieht sich zurück, wird kleiner und kleiner, gebannt durch einen Namen.

Die Eindeutigkeit, die eine Diagnose suggeriert, die naturwissenschaftliche Glaubwürdigkeit, auf die sie sich stützt, hat auch, das weiß sie, weil sie es Semester für Semester unterrichtet, eine andere, kompliziertere, weniger glatte Seite: die Seite der Geschichte. Das Normale und das Pathologische sind keine absoluten Größen, sie ergeben nur Sinn in ihrem jeweiligen kulturellen und gesellschaftlichen Kontext. Und auch die Krankheit – jede Krankheit, auch ihre – hat eine Geschichte. Sie war nicht immer da, und schon gar nicht wurde sie immer schon so genannt, wie es jetzt in ihrer Krankenakte steht.

Sie findet heraus, dass die Postpartum Depression eine Schöpfung der zweiten Hälfte des 20. Jahrhunderts ist (kaum überraschend, gibt es von dieser immer noch tabuisierten und nach wie vor als Leiden potenziell hysterischer Frauen markierten Krankheit keine ausführlichen historischen Darstellungen), und selbst die »klassische« Depression heißt noch nicht allzu lange so. Jahrhundertelang wurde, was wir heute als Depression kennen, humoralpathologischen Vorstellungen folgend, Melancholie genannt, mitunter auch Schwermut, Trübsinn oder – bezeichnenderweise – Hypochondrie (die Krankheit der Überbesorgten, Wehleidigen und eingebildeten Kranken).

Es handelt sich bei der Postpartalen Depression allerdings nicht nur um ein historisch ziemlich junges Phänomen, sondern auch um eines, das nur in einem Teil der Welt überhaupt bekannt ist.

Alle Zahlen und Daten, alle Angaben über Symptome, Ursachen und Therapiemöglichkeiten, die sie im Rahmen ihrer Recherche findet, sind explizit oder implizit mit dem Hinweis versehen, dass sie für Europa und Nordamerika bzw. für »den Westen« gelten und dass die Krankheit in anderen Weltgegenden, anderen Kulturen, anderen Gesellschaften kaum oder gar nicht bekannt ist.

Es bedarf keiner ausführlichen medizinhistorischen Analysen, um zu erkennen, dass diese Krankheit mit der Gesellschaft und der Kultur zu tun hat, innerhalb derer sie auftritt. Mit je nach historischem und sozialem Kontext verschiedenen Vorstellungen von Mutterschaft und Mutterliebe, von Familie und »Rollenverteilung«, von Mann, Frau und Kind.

Woran sie leidet, ist nicht fest umrissen und zeitlos. Ihre Krankheit ist nicht natürlich, sie ist gemacht.

Die Naturwissenschaften haben sie zur Patientin gemacht, dafür aber mit einer Diagnose versorgt, die ihr festen Grund unter den Füßen verleiht und die vor allem mit konkreten Therapiemöglichkeiten verbunden ist. Eine kleine, rostrote Tablette jeden Abend, und es wird bald vorbei sein, verspricht ihr Frau Naturwissenschaft, Weltkugel, Zirkel und Kompass in Händen haltend. Serotonin und Noradrenalin werden im synaptischen Spalt konzentriert, es wird dir bald besser gehen.

Und tatsächlich. Die Medikamente wirken, und zwar unglaublich schnell. Schon nach der Einnahme der ersten Tablette kann sie wie ein Stein schlafen. Die Tage fallen ihr zunächst zwar noch immer schwer, aber mit ein bisschen dickerer Haut, die ihr der Schlaf verleiht, schafft sie sie dennoch spürbar besser.

Eine Unruhe bleibt jedoch zurück. Dass die Reaktion auf ihre Depression so einfach sein soll, dass diese komplizierte Konstellation aus gesellschaftlichen Erwartungen, der eigenen Lebensgeschichte, der Beziehung zum Vater des Kindes und zu ihrer Familie, ihrer (selbst enorm uneindeutigen, verworrenen und sich ständig ändernden) Identität als Frau, als Mutter und Intellektuelle in erster Linie eine pharmakologische sein sollte, kann und will sie nicht glauben.

Was ist mit den sozialen und kulturellen Faktoren, von denen in der medizinischen und psychologischen Fachliteratur die Rede ist, auf die schon die Psychiaterin in der ersten Sitzung hingewiesen hat? Sollten sie wirklich so sehr verblassen angesichts der Superkräfte der Psychopharmaka? Müsste nicht der Frage, ob die Postpartale Depression auch als Leiden an der Gesellschaft aufgefasst werden kann – ein Leiden all derjenigen, die es nicht schaffen, den gesellschaftlichen Normen und Forderungen nach guter, richtiger und »natürlicher« Mutterschaft gerecht zu werden, und die auch deshalb als krank markiert werden –, mindestens ebenso großes Gewicht eingeräumt werden wie den biochemischen Prozessen im Frauenkörper? Müssen diese beiden Komponenten nicht als untrennbar miteinander verbunden verstanden werden?

LEIDEN AN DER GESELLSCHAFT

Für den Rückbildungskurs hat sie sich in einem nahen Studio für »Beckenboden ohne Kind« angemeldet, immer dienstags ab zwanzig Uhr. Das Angebot hatte sie sofort angesprochen, erinnerte sie sich doch noch lebhaft an die Probestunde »Rückbildungsyoga *mit* Baby«, die sie wenige Wochen vorher in einem Yogaraum im Prenzlauer Berg belegt hatte. Sie hatte die jungen Mütter beobachtet, die sie schon aus dem Kurs für Schwangere aus dem Frühjahr kannte und die nun die großen, schweren Kinderwagenwannen in den ersten Stock schleppten, mit ihren Babys darin, während sie von den Schwangeren neugierig beäugt wurden. Das musste man wohl so machen, dachte sie, also schleppte sie auch. Sie wusste nicht recht, wofür das gut sein sollte, hoffte aber auf ein geheimes Wissen, das sich ihr in den kommenden neunzig Minuten offenbaren würde und mit dessen Hilfe Babys, sobald sie nicht mehr »Teil der Yogapraxis« sein oder »neugierig zuschauen oder genießen« wollten, wie es im Werbefolder hieß, innerhalb kürzester Zeit zum Schlafen in der Wanne gebracht werden konnten (und dafür nicht, wie sonst immer, stundenlanges Schaukeln, Tragen, Wiegen und Singen vonnöten sein würde). Dieses Wissen gab es nicht, wie sich sehr schnell herausstellte, oder jedenfalls verfügte hier im Raum niemand darüber. Fünfundzwanzig Minuten nach Beginn der Stunde wollte keines der Babys mehr still daliegen; manche

Frauen versuchten es mit Stillen, manche waren schon aufgestanden und trugen ihren Säugling am Rande des Saales auf und ab. Die Yogalehrerin, die diese Klasse als Aushilfe zum ersten Mal unterrichtete, turnte vorne unsicher weiter. Nach dreißig Minuten schrien drei von acht Babys. Während die anderen Frauen die Hoffnung auf Asanas offensichtlich noch nicht aufgegeben hatten und sich mit seligen »So-ist-es-eben-mit-Baby«-Blicken gegenseitig bestärkten, raffte sie selbst nach zweiunddreißig Minuten frustriert ihre Sachen zusammen, schnallte sich ihren Sohn vor die Brust, schleppte die leere Wanne wieder ins Erdgeschoss und begrub ein für alle Mal ihre Sport-mit-Baby-Ambitionen.

*

Deshalb also »Beckenboden ohne Kind«. Sie hat sich gegen die hebammengeführte Ringelblumen-Rattan-Variante entschieden, dies hier ist nun die Alternative. Im Eingangsbereich steht ein mit altrosa Samt bezogenes *daybed*, einige Stufen führen hinauf in einen offenen Raum, der von einer kleinen Bar dominiert wird: eine Etagère mit pastelligen Macarons, ein kupferfarbenes Tablett mit Sektgläsern. Im Flaschenkühler daneben steckt Roséprosecco (auch frischgebackene Mamas dürfen mal was, zwinker, wir sind ohnehin immer viel zu streng mit uns selbst; für alle, die doch streng sein wollen zu sich selbst, gibt es auch alkoholfrei). Am äußersten Ende der Bar ist eine riesige rauchblaue Vase platziert, aus der winterliche Zweige und Gräser ragen. Die Wände sind in einem abgetönten Rosa gestrichen, Sukkulenten stehen auf kupfernen Regalen, eine Monstera in einem geflochtenen Korb. Auf dem Sideboard der angrenzenden Garderobe liegt eine Wickelunterlage, keine mit grinsendem Bärchen-Kunstoff bezogene Schaumgummimatte, sondern eine dieser guten Silikonunterlagen aus Dänemark in edlem Steingrau. An der Wand Sprüche in pseudobarocken, goldfarbenen Rahmen: »Hinfallen, aufstehen, Krönchen richten, weitergehen« oder »WOW MOM«.

Ganz klar: Hier werden nicht schlappe Mütter adressiert, die eineinhalb Stunden Ruhe pro Woche haben wollen und gleichzeitig die notwendigen Rückbildungsübungen praktizieren, sondern sexy »Mama-Königinnen«, die gemeinsam mit ihrem »wunderbaren Beckenboden« auch sich selbst stärken wollen – und das in einem Ambiente, das gleich auf den ersten Blick als Entsprechung und Fortsetzung zeitgenössischer Eltern-Kind-Universen aus altrosa (*mauve!*) Musselindecken, staubgrünen Spiel-Tipis auf kürzlich abgezogenen Holzdielen und zuckerbunten Frozen-Joghurt-Nachmittagen mit elterlichem *daydrinking* kenntlich wird. Mutterschaft, aber in Style. Hier werden keine physiotherapeutisch informierten Anwendungen oder ein esoterischer Heilungsdiskurs angeboten, sondern ein *Workout*, in dem sich postfeministische Feiern des weiblichen Geschlechts (»Vorhang auf für die Vaginallippen«) mit neoliberalen Optimierungsimperativen (»Pimp your Beckenboden!«) aufs Schönste zusammenfinden.

Die Kursteilnehmerinnen haben sich im größten Raum des Studios versammelt, einem halbrunden Saal, dessen bodentiefe Fenster zur Straße weisen und von außen den Blick freigeben auf die Frauen, die sich nun auf den im Kreis ausgelegten violetten Matten niederlassen. Mittig über ihnen hängt eine goldene Diskokugel, die zauberhafte Lichteffekte produziert.

Große Brüste, die noch nicht lange zu diesen Körpern gehören. Die Frauen scheinen sich noch nicht an ihre neue Körperhaltung gewöhnt zu haben, ihre Bewegungen wirken seltsam ungeübt. Die schöne Fülle der schwangeren Körper ist zu Übergewicht geworden, keine *Body Positivity*-Kampagne dieser Welt kann darüber hinwegtäuschen, dass die meisten Frauen sich sichtlich unwohl fühlen (sie selbst miteingeschlossen). Die Leggins von »davor« spannen um die Oberschenkel, die engen Sporttops dehnen sich über ungewohnten Bäuchen (einige der Frauen haben vorsorglich riesige T-Shirts gewählt; dass es *o. k.* ist, acht Wochen nach der Entbindung einen Bauch zu haben, scheint im Gegensatz zu dem Wissen, dass Heidi Klum bereits sechs Wochen nach der Geburt ihrer Tochter wieder für *Victoria's Secret* gelaufen ist, kaum wirkmächtig).

Man lächelt sich an, tut so, als würde man bereits ganz konzentriert entspannen, als wären Stress und Anspannung durch drei tiiiiiiefe Atemzüge schon fast vollständig abgefallen. Ein paar Frauen haben sich ihren Mattennachbarinnen zugewandt, erste zaghafte Gespräche, die mit den immergleichen Fragen angebahnt werden: Wie alt ist dein Baby? Wie heißt es? Wie schläft es?

Aus den Boxen schallen Drake und Cardi B (es entgeht ihr nicht, dass die *Playlist* bewundernswert kuratiert ist: Es sind nicht die Hits des gerade vergangenen Sommers, in dem sich die hier Anwesenden hochschwanger mit Stützstrümpfen durch die Stadthitze gequält haben oder mit ihren Säuglingen im Wochenbett gelegen sind, sondern Songs aus den Vorjahren, als man noch, Aperol Spritz trinkend, in Riccione am Strand gechillt oder mit Freundinnen Barcelona unsicher gemacht hat – ahhh, süße Erinnerungen).

Wir atmen durch die Fußsohlen ein, wir stellen uns vor, eine Prinzessinnenkrone aufzuhaben, und durch dieses Krönchen pusten wir beim Ausatmen eine Konfettikanone.

Calvin Harris und Dua Lipa: *One Kiss*

Wir lassen die Hüften kreisen, JA!

Felix Jaehn: *Ain't Nobody (featuring Jasmine Thompson)*

Danach Wissenswertes rund um den Beckenboden.

Die Kursleiterin möchte die Frauen mit den Öffnungen des weiblichen Beckenbodens vertraut machen: Vagina, Anus und Harnröhrenausgang. Jede Frau hat drei Löcher, sagt sie. Haha, die Runde lacht. Sie ziehen die Sitzbeinhöcker zusammen, sie lassen das Becken kreisen. Sie heben das Becken im Liegen an, sie drücken die Oberschenkel im Sitzen zusammen. Sie legen sich auf den Rücken und lassen sich tief in die Matten sinken, entspannen.

Amy Winehouse: *Back To Black*

Nach der Stunde bleiben die Frauen noch ein wenig sitzen und unterhalten sich über den Nachtschlaf ihrer Babys, über Hausmittel gegen Brustentzündung, über den Beikoststart und die Vor- und Nachteile verschiedener Babytragen.

Wir orientieren uns sehr an Nora Imlau, sagen die Frauen, und: Kennst du schon das neue Buch von Nicola Schmidt? Das kann ich auch sehr empfehlen, und Jesper Juul sowieso! Remo Lago schreibt, dass das ganz normal ist in dem Alter ... trotzdem mühsam, klar. Immer wieder fallen Namen, von denen sie – als Einzige, wie sie feststellen muss – noch nie gehört hat.

Die Genannten seien »Erziehungs-, Bindungs- bzw. Entwicklungspäpste«, wird sie von einer ob ihres Unwissens völlig entgeisterten Mitrückbildnerin aufgeklärt. Alles, was man heute über Babys wissen müsse, stünde in diesen Büchern.

Kein Wunder, dass es mir so schlecht geht, denkt sie bei sich, ich weiß das alles ja gar nicht, bin ganz unvertraut mit dieser neuen Welt, ihren Regeln und Gesetzen. So kann sich die Bindung zu meinem Kind ja gar nicht richtig entwickeln. Dass sie auf die

Bedürfnisse ihres Sohnes eingeht, dass sie ihn die meiste Zeit trägt (»Menschenkinder sind TRAGlinge! Das kommt nicht aus der alternativen Öko-Hippie-Schiene. Das ist ein evolutionsbiologischer FAKT!«, verbalisiert »Dr. Mami« den Leserinnen ihres Blogs streng entgegen, zu denen sie aus lauter schlechtem Gewissen auch bald zählt) und ihn oft auf ihrem Bauch schlafen lässt, dass sie also in den Augen der Frauen und Entwicklungspäpste eigentlich alles richtig macht, hat sie in diesem Moment völlig vergessen.

Es wird viel gelacht. So vieles gibt es zu besprechen, so spannend ist es, zu erfahren, wie die anderen es machen (nur die Frau, die gerade ihr drittes Kind bekommen und auf das Treiben gleichermaßen freundlich wie abgeklärt geblickt hat, ist schon verschwunden). Frauen, die seit Monaten zum ersten Mal für kaum zwei Stunden alleine sind, getrennt von ihren Säuglingen, nennen sich selbst (und alle anderen im Raum), ohne mit der Wimper zu zucken, »Mama«. Sie staunt über so viel fröhliche Identität.

Als wäre alles nur ein Witz, als reihte sich im Leben mit Baby Anekdote an Anekdote, überbieten sich die Frauen kichernd mit Geschichten über bei den ersten Essversuchen verwüstete Küchen und angekackte Kleidung. Hahaha, lachen sie, und sie sieht sich selbst in diesen Situationen, die sie alle kennt, in denen sie aber kein Lachen aufbringen kann, nicht die Kraft besitzt, sie im Wissen um ihren anekdotischen Charakter mit Humor zu nehmen.

Der Austausch soll fortgeführt und intensiviert werden: Eine besonders engagierte Teilnehmerin macht die Runde, um alle Telefonnummern einzusammeln und noch am selben Abend eine Whatsapp-Gruppe einzurichten. Das Profilbild, das sie dafür wählt, zeigt einen Sandstrand vor türkisblauem Meer, darüber in der Schrifttype Comic Sans, pink: »Ich bin Mama. Und was sind Deine

Superkräfte?« Die humorigen Sprüche, von denen ihr unklar ist, ob es sich um Miniwitze oder um Durchhalteparolen handelt, machen sie noch matter und müder, als sie ohnehin schon ist. In den darauffolgenden Tagen und Wochen explodiert der Chat vor LOLs und Emojis mit Herzaugen schier: Im Minutentakt werden Geschichten von nachts stündlich aufwachenden Kindern ausgetauscht, in ausgelassenster Stimmung wird von der ersten Erkältung der Kleinen berichtet (»Die halbe Nacht haben wir mit dem Rotzabsauger experimentiert, ein Höllengerät, sage ich Euch, wir waren so fertig, hahahaa«), werden gemeinsame Spaziergangsanfragen euphorisch aufgenommen (»Klar komme ich mit der kleinen Maus aus Weißensee zu Euch nach Treptow, null problemo«).

Es gelingt ihr nicht, mitzumachen. Weder möchte und kann sie über witzig-ironische Piktogramme kommunizieren, noch ist sie in der Lage, eine Reise von Weißensee nach Treptow mit Baby auch nur in Erwägung zu ziehen. Sie fühlt sich ausgelaugt und leer.

Aber ist das Vermögen der totalen Identifikation von Frau und »Mama«, das lachende Sich-Fügen in den gleichermaßen langweiligen wie unvorhersehbaren Alltag mit Baby vielleicht die entscheidende Voraussetzung zum Glück, zur gelungenen Mutterschaft? Ist das vielleicht mit Superkräften gemeint? Liegt in ihrer Unfähigkeit, so zu denken, zu fühlen und zu handeln wie diese Frauen, möglicherweise ein Grund für ihre Depression?

*

Ein paar Monate früher, mit einer Freundin bei einem Literaturfestival: Sie war schon schwanger, und die Stiegen in der ehemaligen Schriftgießerei, in der die Veranstaltung stattfand, kamen ihr sehr hoch vor, als sie treppauf und treppab liefen, von einer Lesung zur nächsten, um irgendwann bei der Buchpräsentation eines Sammelbandes zu queerfeministischen Perspektiven auf Schwangerschaft und Elternschaft zu landen. Sie war zu diesem Zeitpunkt noch nicht sicher, ob der Vater des noch ungeborenen Kindes und sie zusammenbleiben oder ob sie alleinerziehend sein würde. Die Aussicht ließ sie nicht unbedingt panisch werden, aber eine gewisse Unruhe rief die Vorstellung, alleine mit Baby in einer Welt zurechtzukommen, in der immer noch die Mutter-Vater-Kind-Norm gilt, durchaus hervor. Angesichts von lesbischen Kinderwünschen, Transelternschaft und queeren Erziehungsentwürfen, von denen im Rahmen der Buchpräsentation als gelebte Praxis berichtet wurde, erschienen ihr ihre eigenen Bedenken geradezu konservativ. Ganz erleichtert saß sie in dem niedrigen Raum unterm Dach, als sich ihre Sorgen, mit der Geburt des Kindes in uralte Frauenrollen zurückzufallen, plötzlich als unbegründet aufzulösen schienen. So vieles war offenbar möglich und lebbar. So viel weiter als gedacht war die Gesellschaft schon.

Das Gegenteil war der Fall, und das wurde ihr noch während der Schwangerschaft klar, als sie nach einem geeigneten Geburtsvorbereitungskurs suchte. Der Vater des Kindes wollte nicht mitkommen, also sah sie sich nach einem Angebot um, zu dem sie alleine gehen konnte und das – sie arbeitete noch – in den Abendstunden oder am Wochenende stattfand. Das Ergebnis war niederschmetternd. Alleine war man im Kurs offensichtlich ganz grundsätzlich nicht willkommen. Die Anforderungen waren eindeutig: Die Kursanbieter forderten die Frauen (dass es Menschen gab, die Kinder bekamen, aber nicht als Frau bezeichnet werden mochten, wurde bei allen Angeboten rund ums Thema Geburt grundsätzlich ausgeblendet) blumig und sehr eindeutig auf, den Mann/Kindsvater/Partner mitzubringen. Lesbische Partnerinnen, beste Freundinnen, schlicht eine vertraute Person – oder eben auch einfach gar niemand – waren in fast keinem Angebot vorgesehen. Die einzige Ausnahme fand dienstags um elf Uhr vormittags am anderen Ende der Stadt statt.

Ohne festen männlichen Partner, und dann auch noch berufstätig? So weit kommt's noch!

Fanden die Debatten um Geschlecht, um Sex und Gender wirklich so wenig Niederschlag, sobald es konkret wurde?

*

Nach der nächsten Rückbildungsstunde wendet sich ihr eine Frau in einer ausgestellten dunkelgrauen Hose aus Sweatstoff und einem lila FRIENDS-T-Shirt zu, die rechts von ihr rückgebildet und bisher mit ihrer anderen Mattennachbarin gesprochen hat, hi! Nachdem sie die immergleichen ersten Fragen abgehakt haben, wendet sich das Gespräch bald dem Beikoststart zu. Der Vater ihres Kindes verarbeite, so erzählt sie der Frau mit dem lila T-Shirt, Biokarotten und Biopastinaken und Biokartoffeln selbst zu Babybrei, obwohl ihr sei diese Auskunft doch ein wenig peinlich ist, weil sie so sehr nach Klischee-Bobo-Eltern klingt.

— Also wir möchten unser Kind nicht so gewaltförmig erziehen, verkündet ihre Gesprächspartnerin.

— Gewaltförmig? Wieso ist Brei gewaltförmig (sie konnte sich beim besten Willen wenig weniger Gewaltförmiges vorstellen als lauwarmen Gemüsebrei)?

— Das Füttern mit dem Löffel ist eine Penetration, antwortet sie streng. Deshalb machen wir BLW.

BLW? Was sollte das sein? Bevor sie erneut ihre Ignoranz zugeben muss, redet die Frau mit dem lila T-Shirt schon weiter. *Baby Led Weaning* sei zwar recht aufwändig, aber die selbstbestimmte Nahrungsaufnahme, die das vom Kind geführte Abstillen ermögliche, rechtfertige die Mühe. Es handle sich dabei um die natürliche Art, ein Kind an feste Nahrung zu gewöhnen.

Der autoritäre Gestus, mit dem diese Advokatin vermeintlich gewaltfreier Erziehung die Prinzipien der Kinderpflege, die sie für sich als die richtigen erkannt hat, als normative Handlungsanweisungen verkündet, erschüttert sie.

Hat es nicht einmal geheißen (heißt es nicht jetzt noch überall?), dass jede Mutter, jeder Vater, am besten wisse, was für das eigene Kind gut sei? Gilt das noch, oder ist das auch schon einer dieser längst überholten Grundsätze?

Bevor sie länger darüber reflektieren kann, zieht die Frau mit dem lila T-Shirt das Handy aus ihrer Tasche und zeigt Fotos von ihrer Tochter, einem runden, braunlockigen Kind, das bäuchlings am Boden einer weißen Ikea-Landhausküche inmitten weichgekochter Zucchinischeiben liegt.

Die Vorteile dieser Ernährungsweise wollen sich ihr nicht erschließen. Hat man als Eltern nicht auch die Aufgabe, sein Kind ästhetisch und geschmacklich zu bilden? Ist der wohlschmeckende, mit ein wenig Butter verfeinerte Brei aus Pastinaken und Kartoffeln nicht der bessere Einstieg für ein Kind in die Welt des Schmeckens und Essens? Und wenn der Einsatz des Löffels als gewaltförmig gilt, ist dann nach der gleichen Logik nicht alles, was man dem hilflosen Säugling angedeihen lässt, Gewalt? Das Wickeln, das Anziehen, das gelegentliche Fläschchen, das Spazierengehen und das Baden? Zu alldem »zwingt« man doch das vollkommen hilflose Kind, das noch keine einzige die eigene Körperpflege, Kleidung oder Beschäftigung betreffende Entscheidung treffen kann? Ist – kulturtheoretisch gesehen – Erziehung nicht ganz grundsätzlich »gewaltförmig« und bedarf es ihrer nicht sogar, um dem winzigen Menschen, für den man Verantwortung trägt, dabei zu helfen, sich Schritt für Schritt (Löffel für Löffel) über die Natur zu erheben und sich aus ihren Zwängen zu befreien? Nach allem, was sie weiß, ist dies eine mögliche Minimaldefinition von Kultur.

Sie verabschiedet sich, schnell und ohne ihre Überlegungen zu teilen, schlüpft in ihre Stiefel, zieht die Jacke über die Trainingskleidung und verschwindet mit dem überwältigenden Gefühl, nicht dazuzugehören, in die matschfeuchte Winternacht. In den Monaten nach der Geburt eines Kindes muss die Rumpf-, Bauch- und Beckenbodenmuskulatur zurückgebildet werden, aber die Rückbildung scheint weit darüber hinauszugehen. Wer man ist, was man weiß, ist: alles zurückgebildet, bis nur noch Rudimente übrig bleiben, nicht länger benötigte Organe kritischen Denkens.

MUTTER NATUR

Normalitätsvorstellungen, die sich mit Natur- bzw. Natürlichkeitsdiskursen verschwistern, waren ihr im Zuge ihres Eintritts in das »Mama-Baby-Universum« zum ersten Mal in einem Buch begegnet, das ihre Hebamme ihr zur Vorbereitung auf eine »friedliche und nahezu schmerzfreie« Geburt ans Herz gelegt hatte. Es hieß *HypnoBirthing*, hatte sich in den USA »10 000fach bewährt«, wie auf einer goldenen Plakette auf dem Cover zu lesen stand, und war auch in Deutschland ein Bestseller – kein Wunder, denn es stellte nichts weniger in Aussicht, als Frauen den »natürliche[n] Weg zu einer sicheren, sanften und leichten Geburt« zu weisen. Bereits in der vierten Zeile des Vorwortes zur deutschsprachigen Ausgabe, wo von der »Weisheit« der Botschaft der »Erfinderin« des HypnoBirthing, Marie F. Mongan, die Rede war, stutzte sie zum ersten Mal. Von der »Weisheit ihrer Botschaft« hatte sie bisher vorwiegend Sektengründer oder deren Missionare sprechen hören, nicht aber seriöse Wissenschaftlerinnen, Hebammen oder Geburtshelfer, die eine solche Rhetorik salbungsvoller Religiosität gemeinhin zu vermeiden trachteten – so hatte sie zumindest angenommen. »Geburten sind normal, Geburten sind natürlich, aber irgendetwas ist damit schiefgelaufen«, las sie weiter. »Ist es wirklich zu unserem Vorteil, Mutter Natur zu ›verbessern‹, indem wir Vorgänge unterbrechen, die sich seit Zehntausenden von Jahren entwickelt haben, um eine Mutter auf ihre Rolle als Spenderin und Nährerin des Lebens vorzubereiten?« Ein kurzer Check, ja, sie befand sich tatsächlich im ersten Viertel des 21. Jahrhunderts, aber es war offenbar nicht zu spät, um mit dieser fröhlichen, vollkommen unambivalenten Formulierung »die Mutter« zu kennzeichnen. Normal und natürlich, Wörter wie Ausrufezeichen, die sie als Historikerin sofort aufhorchen ließen: Wenn jemand für die eigenen Erkenntnisse Natürlichkeit reklamierte und eine damit verbundene Norm behauptete, war höchste Vorsicht geboten. Sie wusste, dass auf diese Weise nicht nur kulturelle Vorstellungen und Konventionen naturalisiert wurden – als ewig gültige Wahrheiten, die nicht den Wandlungen der Geschichte unterworfen wären –; auch ging mit der Behauptung von Normalität immer die Vorstellung des Abweichenden einher. Konkret: wer »Mutter Natur« als oberste Instanz menschlicher Handlungsorientierung in Frage stellte oder Einwände gegen die pathetische Charakterisierung der Mutter als »Spenderin und Nährerin des Lebens« vorbrachte, wer gar nicht unbedingt »wieder Vertrauen in die Natur [...] setzen« wollte (sondern sich eher an den Methoden und Erkenntnissen der modernen Schulmedizin orientieren), handelte wider die Natur und plädierte für etwas Abnormales, Widernatürliches.

Aber gut, dachte sie, Vorworte sind ohnehin ein schwieriges Genre, also weiter, mal sehen, was Marie F. Mongan in ihrem Buch, das ihrer Tochter und ihren »zahlreichen HypnoBirthing-Enkelkindern« (*Lurena Kelly, Garrison Forest, Jamie Madisyn* u. a.) gewidmet ist, vielleicht doch an interessanten Gedanken zu bieten hat. Die praktischen Ursprünge des HypnoBirthing, erfuhr sie im ersten, mit »Die Geburt der natürlichen Geburt« betitelten Kapitel, gingen zurück auf den englischen Frauenarzt Grantly Dick-Read, der zu Beginn des 20. Jahrhunderts als Geburtshelfer tätig war. Die Episode, die Marie F. Mongan als sein Erweckungserlebnis schildert, ist atmosphärisch irgendwo zwischen *A Christmas Carol* und *Emergency Room* angesiedelt:

»Des eigentlichen Wesens einer Geburt wurde sich Dr. Dick-Read zum ersten Mal 1913 in einer armseligen und heruntergekommenen Gegend Londons bewusst. Damals arbeitete er als junger Assistenzarzt in White Chapel, mitten in den Elendsvierteln des Londoner East Ends, und wurde gerufen, um einer Frau Geburtshilfe zu leisten. Nachdem er sich mit seinem Fahrrad durch Matsch und Regen gekämpft hatte, erreichte er gegen drei Uhr morgens eine niedrige, armselige Behausung an den Mauerbögen einer Eisenbahnüberführung. Er gelangte in eine kleine Wohnung, wo seine Patientin in einer halbdunklen Kammer lag, nass vom Regen, der unablässig durch das undichte Dach drang. Die Frau war nur mit Säcken und einem alten schwarzen Rock zugedeckt. Als er sie bat, ihr die Maske aufsetzen und Chloroform verabreichen zu dürfen, erhielt Dick-Read zum ersten Mal eine klare Ablehnung. Er packte Chloroform und Maske wieder ein, zog sich zurück und beobachtete, wie die Frau mit kaum mehr als sanftem Atmen ihr Kind zur Welt brachte. Das Kind wurde ohne großes Aufheben oder einen Laut von der Mutter geboren. Als er sich wieder auf den Weg machte, fragte Dick-Read die Frau, warum sie es abgelehnt hatte, ihre Schmerzen lindern zu lassen. Ihre Antwort sollte ihm für immer im Gedächtnis bleiben: ›Es tat nicht weh. Das sollte es doch auch gar nicht, nicht wahr, Herr Doktor?‹ Diese ehrliche Antwort in tiefstem Cockney-Akzent sollte jahrzehntelang entscheidenden Einfluss auf Geburten bekommen.«

Vor allem aber stand diese Antwort in scharfem Gegensatz zu den Erfahrungen, die Dr. Dick-Read (der Name …!) in den darauffolgenden Monaten machte, die er »Nacht für Nacht in seinem Londoner Krankenhaus an den Betten gebildeter und wohlhabender Frauen« verbrachte. »Er erlebte ihr unerträgliches Leiden und das Entsetzen, das sie durchlitten. Immer wieder wanderten seine Gedanken zu der Frau in ihrer armseligen Behausung unter der Eisenbahnüberführung. Im Geiste verglich er seine gegenwärtigen Patientinnen mit dieser ruhigen und entspannten Frau, die ihr Kind ohne Schwierigkeiten gebären konnte, und er fragte sich ›Warum nur?‹«. Während des Ersten Weltkrieges gewann diese Frage für Dick-Read zusätzlich an Dringlichkeit, als er Zeuge wurde, wie reihenweise Frauen ihre Kinder in Schützengräben auf die Welt brachten, schmerzfrei und ruhig, um sich – ihr blieb der Mund offen stehen vor so viel pathetischem Unsinn – nur wenige Minuten später »über das Schlachtfeld auf den Rückweg« zu machen. »Er zerbrach sich den Kopf darüber, was es diesen einfachen Frauen ermöglichte, ihre Kinder ohne die Dramen zur Welt zu bringen, die er gewöhnlich bei Frauen aus höheren Schichten erlebte. Mit der Zeit wurde ihm klar, dass es nicht so sehr etwas war, was sie hatten, als vielmehr etwas, was sie *nicht* hatten, nämlich Angst.«

Aus diesen Beobachtungen fügte sich, wie sie als Leserin von Marie F. Mongan schließlich erfuhr, eine »Theorie« zusammen: Wo keine Angst, da auch kein Schmerz, auf diesen Zusammenhang gründete Grantly Dick-Read seine Einsichten. »Angst verursacht das Zusammenziehen und Verkrampfen der Arterien, die zur Gebärmutter führen. Diese Verkrampfung erzeugt Schmerz. Wird keine Angst empfunden, entspannen sich die Muskeln und geben nach.« Mit diesen Erkenntnissen, erklärt Marie F. Mongan, sei Dick-Read seiner Zeit weit voraus gewesen, er habe von der Existenz von Endorphinen als einem körpereigenen Schmerzmittel noch nicht wissen können, habe deren Wirkweise dennoch richtig beschrieben. Seine Einsichten bildeten, so erfuhr die Leserin weiter, die Grundlage für eine Reihe »alternativer« Wissensformen über das Gebären, die im Laufe des 20. Jahrhunderts entwickelt wurden und schließlich systematisch Eingang in die 1989 vorgestellte Geburtsmethode des HypnoBirthing fanden.

Voller Unbehagen legte sie das Buch zur Seite. Schon an dieser kleinen Geschichte, die gleichermaßen anekdotisch wie programmatisch in Praxis und Theorie des HypnoBirthing einführen sollte, war alles falsch: Der alte Topos der verkrampften Frau, historisch immer auch als hysterisch, als prüde, hässlich, altjüngferlich und/oder intellektuell (oder »pseudo-gebildet«) beschrieben, wird – der langen Tradition misogyner, antiaufklärerischer Kulturkritik folgend – der bürgerlichen Gesellschaft zugeordnet, während die arme, ungebildete (heißt: unverbildete) Frau dem Reich der Natur zugeschlagen wird. Diese Gegenüberstellung, Teil einer klischeehaften und abgestandenen Fortschritts-, Technik- und Gesellschaftskritik, durchzog das ganze Buch. Durch die Abkehr von einer ursprünglichen, reinen, authentischen Natur gewinne der Mensch zwar an Kultur, entferne sich damit aber auch von sich selbst und erscheine in der modernen Gesellschaft als verbildet, übertrieben verfeinert, als kränklich und dekadent. Ach, die guten alten Zeiten, als Frauen der Zugang zu höherer Bildung verwehrt war und sie noch einen ganz authentischen Zugang zu ihrem Körper (ihrer Natur) hatten! Tatsächlich propagiert Marie F. Mongan die »Rückkehr« zu einem starken Glauben an den »Mutterinstinkt« als Grundlage ihres Plädoyers für eine Vorstellung von Gebären, die »der Natur am meisten entspricht«.

Sie erinnert sich während ihrer Lektüre an einen erst kürzlich gelesenen Aufsatz der feministischen Autorin Silvia Bovenschen, in dem diese scharfe Kritik an weiblichen Natürlichkeitsvorstellungen übt: Wer nicht glauben wolle, »daß die ›natürliche Weiblichkeit‹ selbst ein kulturelles Konstrukt sei, der möge sich wenigstens die elende Natürlichkeit von weiblichen Existenzen noch im neunzehnten Jahrhundert vergegenwärtigen: Frauen, die Geburten in zweistelliger Zahl durchstanden; Kinder, von denen kaum die Hälfte die ersten Jahre überlebten; schnell alternde, verbrauchte

Mütter; der frühe erbärmliche Tod im Kindbett. Auch das schien einmal eine Norm mütterlicher Natürlichkeit.«

Sie schaffte es nicht, sich auf die von Marie F. Mongan nahegelegten Atem- und Meditationsübungen einzulassen, die ja ein Mindestmaß an mentaler Bereitschaft erforderten. Sie war nicht grundsätzlich gegen diese Methode, überhaupt nicht (alles, was half, die Geburt eines Kindes leichter und weniger schmerzhaft zu gestalten, schien ihr sinnvoll und hochwillkommen), aber die Art und Weise, wie sie hier präsentiert wurde, die Diskurse, die dabei aufgerufen wurden, die Bilder, Begriffe und Metaphern, die hier mobilisiert wurden, machten es ihr unmöglich, sie zu praktizieren. Die Lektüre des Buches beunruhigte und verstimmte sie – schon Monate bevor ihr Sohn zur Welt kommen sollte. Die zentralen Erkenntnisse und Einsichten, insbesondere die Beschwörung der weiblichen Natur, standen in krassem Gegensatz zu allem, was sie als Historikerin wusste und für richtig hielt. Schon damals evozierte diese Differenz ein Gefühl des Ausgeschlossenseins, das sie enorm traurig machte. Sie fühlte sich in dem Natürlichkeitsdiskurs, der bereits während ihrer Schwangerschaft rundherum gepflegt wurde, nicht heimisch, sie gehörte nicht dazu.

Nun, beinahe ein Jahr später, hat sie aus den Lektüren einschlägiger Aufsätze und Bücher gelernt, dass die schmerzhaft empfundene Differenz zwischen der Frauenrolle und der Mutterrolle als wichtiger Grund für die Herausbildung einer Postpartum Depression gilt. Über viele Wochen gewann eine damit in Verbindung stehende Einsicht allmählich an Konturen: dass nämlich zu dieser ersten in ihrem Fall eine zweite Differenz hinzukommt – die zwischen der Mutter und der Historikerin, die sie nun einmal ist. Eine Differenz, die sich auftat zwischen den beiden Rollen: In der einen hat sie idealerweise ein instinktstolzes Muttertier zu sein, das »die Natur« als oberste Orientierungsinstanz anerkennt. Und in der anderen befasst sie sich mit einer Kritik an Natürlichkeits- und Naturvorstellungen und versteht den Menschen als kulturelles Wesen, das gerade durch seine Überwindung des Naturzwanges charakterisiert ist.

Das stumme, unerklärliche Leiden ist verständlicher geworden, seit sie eine weitere seiner Quellen gefunden hat. Wann immer es ihr Sohn zulässt und sie die eine oder andere Stunde für sich hat, beginnt sie, die Kritik an den Wörtern, Begriffen und Diskursen, die sie gleichzeitig umstellen und ausgrenzen, systematischer zu üben.

Das bei Mary F. Mongan gleich zu Beginn eingeführte Motiv der (bürgerlichen) Frau, die sich allzu weit von ihrer eigentlichen »Natur« entfernt habe, weist, wie sie bald feststellt, eine Nähe zu zentralen Begriffen und Vorstellungen moderner Degenerationstheorien auf, wie sie seit der Mitte des 19. Jahrhunderts entworfen wurden: Der französische Psychiater Bénédict Augustin Morel imaginierte etwa einen »Ursprungsmenschen« (den er als »type primitif« bzw. »type normal« bezeichnete – das Primitive, Naturnahe wird bei ihm also schon begrifflich zum Normalfall), der als Bezugspunkt für seine Untersuchung »degenerativer Prozesse« fungierte. Der moderne Mensch habe sich durch äußere Einflüsse (und deren Erblichkeit) erheblich von diesem Ursprungsmenschen entfernt – eine Entwicklung, die für Morel eine Degeneration darstellt und die von deutschsprachigen Wissenschaftlern um 1900 als »Entartung« bezeichnet wird. Diese »Entartung« betreffe nicht nur den Einzelnen, sondern ganze »Rassen«, Völker und (moderne) Gesellschaften.

Aus der Menge der »Momfluencerinnen« und »Babypäpste«,

deren Schriften in ihrem Rückbildungskurs heiß gehandelt werden, ist ihr eine Autorin ganz besonders in Erinnerung geblieben: Nicola Schmidt ist offenbar wirklich allen ein Begriff. Sie forscht nach. Der Ratgeber der Autorin, *artgerecht – Das andere Baby-Buch*, scheint mittlerweile ein Standardwerk zu sein. Als Ikone des darin vorgestellten »artgerechten Erziehungsstils« gilt das »Steinzeitbaby«, und das ist vom Morel'schen »Ursprungsmenschen« tatsächlich nur einen Feuersteinwurf entfernt. »Seit der Steinzeit«, heißt es bei Schmidt, »haben unsere Babys dieselben Bedürfnisse: Nähe, Schutz, Getragensein, essen dürfen, wenn sie hungrig sind, und schlafen dürfen, wenn sie müde sind.« Die »moderne Welt« passe jedoch »nicht immer zu diesen Bedürfnissen«, weshalb das Buch Eltern zeigen wolle, wie sie »dennoch dem biologischen Urprogramm ihrer Kinder gerecht werden können«, »so wie es der Natur am meisten entspricht«. Insbesondere die »Wiederentdeckung ursprünglicher Verhaltensformen« (etwa »eine (möglichst) natürliche Geburt«, »Stillen und Füttern nach Bedarf«, »Windelfreie Sauberkeitserziehung«, »Schlafen im Familienbett« oder »enge[r] Kontakt zur Natur«) könne helfen, den »technische[n], medizinische[n] und kulturelle[n] Fortschritt [...] wieder in Einklang [...] mit der Jahrmillionen alten biologischen Ausstattung des Menschen und seinen Bedürfnissen« zu bringen.

Ungläubig betrachtet sie den *Spiegel*-Bestseller-Button auf ihrem *artgerecht*-Exemplar. Kinder sollen über ihr »biologisches Ursprungsprogramm« definiert werden? Was ist mit der Einsicht passiert, dass es sich bei Elternschaft, »Babyzeit« und Kindheit um kulturelle Kategorien handelt, deren Bedeutungen historisch stark variieren (ja hat nicht Philippe Ariès in seinem kanonischen Buch *Geschichte der Kindheit* gezeigt, dass es selbst »die Kindheit« noch gar nicht so lange gibt?)? Und dass gegenwärtige Vorstellungen von guter und richtiger Erziehung ebenfalls nur als eine historische Etappe anzusehen sind? All das spielt für Nicola Schmidts Ratschläge und ihre sich geschichtlichen Transformationen scheinbar völlig entziehenden »Steinzeitbabys« keine Rolle. Schmidt begreift kulturelle Errungenschaften nicht als solche, sondern als potenzielle Bedrohungen »artgerechten« Menschenlebens. Dass damit immer auch die Gefahr von »Degeneration« und »Entartung« im Raum steht, wird zwar nicht explizit gesagt, ist aber als das abwesende Gegenteil des Artgerechten stets präsent.

Zu Schmidts Feier des Menschen als Naturwesen, das es möglichst lange als solches zu adressieren und erhalten gelte, gehört auch das Begehren nach archaischen Sozialformen: Denn »artgerechtes Leben« heißt immer auch gemeinschaftliches Zusammenleben im Clan, das in sogenannten »Familiy Deep Dive *artgerecht* Camps« (2529 € pro Familie) erprobt und danach im besten Fall »auch in der Zivilisation« dauerhaft praktiziert werden kann. Die Teilnehmerobergrenzen für die *Family Deep Dives* ergeben sich ganz natürlich aus der Größe der Horden unserer Vorfahren (»die Homo sapiens Gruppe bestand jahrtausendelang aus etwa 30 bis 50 Personen«), man wohnt in Tipis, trainiert in *artgerecht*-Workshops (Selbstfürsorge, Schlafhygiene, *slow family*) »Skills wie Glutbrennen, Schleichen, Schnüre drehen, Kräuter sammeln und Spuren lesen« und findet auf diesem Wege – nur dreizehn Kilometer von Münster entfernt! – »zurück zu einem wilden Ich«.

Sie hat Zelten immer sehr gemocht und hat auch heute noch etwas für Fähnlein-Fieselschweif-Folklore übrig. Bei dem Gemeinschaftspathos der *artgerecht*-Camps allerdings dreht sich ihr der Magen um, wird darin doch der reaktionäre Charakter des ideologischen Programms, das die Wildniswoche durchzieht, offenbart.

Wieder stürzt sie sich in die Theorie. Es war der deutsche Soziologe Ferdinand Tönnies (1855–1936), der das Begriffspaar »Gemeinschaft« und »Gesellschaft«, das für die historische Forschung bis heute wichtig ist, prägte und theoretisierte. Tönnies ging davon aus, dass Gemeinschaft der natürliche und ursprüngliche Zustand des Zusammenlebens von (einander eng verbundenen) menschlichen Individuen sei. Gemeinschaft assoziierte er mit Familienleben, Eintracht, Gesinnung, Volk, Dorf, Sitte und Gemüt, wohingegen er das Gegenteil von Gemeinschaft – Gesellschaft – mit zweckhaftem, rationalem Handeln verknüpfte, mit Großstadt, Konvention, Berechnung und Bürokratie. Historiker haben gezeigt, dass der so konturierte Gemeinschaftsbegriff sich als ideal anschlussfähig für die Vorstellung einer »Volksgemeinschaft« erwies, die immer auch eine »Gesinnungsgemeinschaft« war.

Wenn auf Nicola Schmidts Internetseite in Bezug auf die *artgerecht*-Camps von »Gleichgesinnten« die Rede ist, die dort zusammenfänden, dann handelt es sich dabei nicht um einen sprachlichen Zufall, sondern um eine systematische Konsequenz von deren programmatischer Ausrichtung: Natur gegen Zivilisation, Land gegen Stadt, Sonderinteressen gegen Gemeinwohl. Sie ist erstaunt, in welcher Klarheit die Eckpfeiler reaktionärer Kulturkritik hier aufgerufen werden, wie deutlich sich das Programm einer »artgerechten Erziehung« rhetorisch und ideell in die Tradition irrationaler Weltanschauungen stellt, die in Deutschland um 1900 Konjunktur hatten.

Was sie nicht zuletzt vor diesem Hintergrund an dem irrwitzigen *artgerecht*-Besteller-Universum aus Büchern und Vorträgen, Camps und Merchandise (Trinkflaschen, Poster, Buttons und T-Shirts mit dem Aufdruck *Wir verändern die Welt #babyfürbaby*) am meisten schockiert, ist der Zentralbegriff, um den es sich dreht:

artgerecht. Denn die naiv gestellte Frage »Alle reden von artgerecht gehaltenen Hühnern. Wir fragen uns: Was ist artgerecht für Menschenbabys?«, mithin also die Übertragung biologischer Kategorien auf soziale Konstellationen, ist nicht unschuldig oder »ganz ohne Ideologie«, wie Nicola Schmidt behauptet, im Gegenteil: Wer in Bezug auf den Menschen von »Artgerechtigkeit« spricht, ruft unmittelbar Diskurse auf, in denen Menschen als »artfremd« und »entartet« bezeichnet wurden. Die Frage der Artgerechtigkeit ist, wenn sie im Zuge der Biologisierung des Menschen und seiner Gesellschaftsformen gestellt wird, strukturell ohne die Frage der Entartung nicht zu denken: Das »Artfremde« und »Entartete« ist dem »Artgerechten« eingeschrieben, als sein Gegenteil und seine Rückseite immer präsent.

Dass es die Nationalsozialisten waren, deren Ideologie die Rede von der »Artgerechtigkeit« – gepaart mit dem Wunsch und der Praxis, »Artfremdes« oder »Entartetes« zu vernichten – eingeschrieben ist, das ist nicht unbekannt, ist kein nur Experten zugängliches Wissen, sondern gehört vielmehr fest zum Bildungskanon an Pflichtschulen. Wie kann man nur dieses Wort so ganz unbedarft verwenden – und das auch noch im Kontext von Kindererziehung, um durch »artgerechte« Pädagogik »die Erwachsenen von morgen« heranzuziehen (in den dreißiger und vierziger Jahren sollte »artgerechte« Erziehung übrigens als Teil einer allumfassenden »Erneuerung« des deutschen Volkes den »neuen Menschen« der Nationalsozialisten hervorbringen)? Wie kann man diese Vokabel nur ins Zentrum eines Erziehungsprojektes stellen, wissend, dass in der nationalsozialistischen Familien- und Geburtenpolitik die »rassenbiologisch ›artgerechte‹ Ehe und Familie [...] als ›Keimzelle der Volksgemeinschaft‹ unter besonderem Schutz des NS-Staates [stand]«? Wie kann man so geschichtsvergessen sein, wie kann einem die Geschichte der Wörter, die man in Bezug auf die Erziehung von Kindern, für die Vorstellung von Familie und Erziehung verwendet, so egal sein?

Ein solches Programm ist nicht erst dann problematisch, wenn es »von Rechten aufgegriffen« wird, die, wie sie im Rahmen ihrer Nachforschungen herausfindet, die »bindungsorientierte Szene« zunehmend »unterwandern«, weshalb einige ihrer Protagonistinnen zur Bekämpfung »[d]ieser Narrative« aufrufen, »wenn wir wirklich keinen Nährboden für Nazi-Propaganda bereiten wollen«. Es reicht die sprachliche Form dieser Programme, es sind ihre Begriffe und Metaphern, die Traditionslinien, die sich damit eröffnen, die auch ganz ohne diese »Aneignung« kritisiert werden müssen. Es ist die Sehnsucht nach reiner Ursprünglichkeit, die dort aufscheint, es ist die Feier des Naturwüchsigen und »Artgerechten« selbst, einhergehend mit einer Kritik »der Zivilisation« als unnatürlich und entfremdet, die untrennbar mit einer Ablehnung des aufgeklärten Subjekts, der modernen Gesellschaft, von Vernunft und Emanzipation verbunden ist. Die sich so empathisch, zart und achtsam gerierenden Erziehungsvorstellungen bergen in ihrer Kritik einer kalten, technokratischen und entfremdeten Gesellschaft ein autoritäres Moment, das in der antiindividuellen Hinwendung zu »warmen« Gemeinschaften von Gleichgesinnten liegt.

*

Alles, was sie über die Geschichte der Natur weiß, über die Geschichte der Körper und Geschlechter, ist in den sozialen Zusammenhängen ihrer Mutterschaft außer Kraft gesetzt. In den Babyyogakursen, in den Krabbel- und Rückbildungsgruppen scheint nichts davon zu gelten, ja, es wird von vielen der Frauen, die sie dort kennenlernt, mit Berufung auf die gegenwärtig offenbar verbindlichen Erziehungsprogramme sogar vehement bestritten und aktiv bekämpft. Indem »Natur« dort als normative Bezugsgröße gesetzt wird, wird einerseits das Gemachte, das Kulturelle all dieser vorherrschenden Vorgaben negiert – genauso wie die historische Verfasstheit von »Natur« selbst; andererseits wenden sich die Programme damit auch gegen die Möglichkeit (und Notwendigkeit) der Emanzipation des Menschen von der Naturherrschaft und verwerfen damit praktisch die gesamte moderne Kulturtheorie. Der Mensch muss von seinen Trieben eben nicht blind und restlos bestimmt werden – im Gegenteil ist das Menschsein gerade durch die Möglichkeit, sich einer fraglosen Einordnung in die Natur zu widersetzen, definiert. Er muss eben nicht ohne Weiteres so sein und so handeln, so gebären und so erziehen, »wie es der Natur am meisten entspricht« – es ist ihm vielmehr gegeben, gegen diesen Naturzwang aufzubegehren und sich als *Kulturwesen* in die Lage zu versetzen, ein im besten Fall selbstbestimmtes und eigenverantwortliches Leben zu führen.

Und so lächelt sie in all diesen Situationen, sie lächelt und schweigt, sie lächelt und geht und

geht nie mit auf die Spaziergänge der Müttergruppen und

geht schon nach Hause, wenn alle noch beisammensitzen.

Sie möchte keine Vorträge halten, nicht weit ausholen, nicht die Komplizierte sein, wenn es doch gerade mit fast unbekannten Frauen um die scheinbar marginalsten Babythemen geht – die so marginal nicht sind, denn in ihnen spiegeln sich ganz grundsätzliche gesellschaftliche Verhältnisse.

Der Natürlichkeitsfetischismus in Elternschaftsdiskursen der Gegenwart stört sie nicht so sehr aus intellektuellen Gründen, obwohl sie an der Kluft, die zwischen dem Wissen liegt, das in diesen akademischen Diskursen längst als kanonisch gilt, und dem Baby-

und Elternwissen, das sie gerade kennenlernt, durchaus verzweifelt: Was ist aus den Arbeiten all der feministischen Autorinnen geworden, die die Vorstellung überzeitlicher Geschlechterordnungen und damit verbundener Geschlechterpolitiken kritisiert haben? Die konkret etwa nachgewiesen haben, dass der berühmte Naturforscher Carl von Linné um 1800 den Menschen nicht zuletzt deshalb der von ihm neu konstruierten Klasse der »Säugetiere« zugeschlagen hatte, um das Stillen als natürliche (weil naturgeschichtlich quasi eingeschriebene) Praxis zu propagieren (wodurch nicht nur der Staat moralisch und sittlich renoviert werden sollte, sondern auch eine neue Gesellschaftsordnung durchgesetzt, in der Frauen durch das Stillen ans Haus gebunden waren)? Die ausführlich beschrieben haben, dass insbesondere die Anrufung des Natürlichen immer schon ein (von Männern eingesetztes) machtvolles politisches Instrument gewesen ist, um konservative Positionen durchzusetzen und Frauen aus der Sphäre des Kulturellen (der Öffentlichkeit, der Gesellschaft) herauszuhalten?

Die Einsicht, dass die grundlegende Kritik an Natürlichkeitsvorstellungen den weiblichen Körper und seine »Leibesfrüchte« betreffend, die sie in Dutzenden Seminaren mit ihren Studierenden gemeinsam nachvollzogen hat, so gar keinen Eingang gefunden hat in den zeitgenössischen Wissensvorrat über Elternschaft, Kinderversorgung und -erziehung, versetzt ihr zwar einen Stich und lässt sie gelegentlich an der gesellschaftlichen Relevanz ihres beruflichen Tuns zweifeln, macht sie aber nicht allzu traurig. Es ist die Isolation, die ihre Erkenntnisse mit sich bringen und in die sie umso tiefer gerät, je öfter ihr das euphorische Lob der (mütterlichen) Natur begegnet; ein Rückzug, der immer stärker mit dem Verdacht einhergeht, für die Elternschaft grundsätzlich ungeeignet zu sein. Wenn sich alle einig sind, dass sie ihrer eigenen Natur und der ihres Steinzeitbabys entsprechend leben wollen und sollen und dabei glücklich sind, liegt es dann nicht nahe, dass ihr Unglück aus der Verweigerung dieser Glaubenssätze rührt, aus ihrer Unfähigkeit, sie für sich anzunehmen, ohne sich dabei selbst zu verleugnen? Sie fühlt nicht nur nicht so, wie eine Mutter fühlen soll, sie denkt auch nicht so: Doppelfehler.

In einer ihrer Einschätzung nach eher abseitigen und kaum rezipierten Dissertation – *Postpartale Depression und »weibliche Identität«. Psychoanalytische Perspektiven auf Mutterschaft* der Psychoanalytikerin Catherine-Olivia Moser – ist die Rede von »diskursive[r] Pathologie«, worunter sie eine Art Krankheitslehre gesellschaftlicher Debatten versteht. Im Buch fällt die Wendung eher nebenbei und wird kaum erörtert, aber sie erschließt ihr mit dem Hinweis auf die Psychoanalyse eine neue, aufschlussreiche Sichtweise auf ihre Lage: Wenn nicht nur organische Ursachen für die Herausbildung einer Postpartum Depression verantwortlich sind, sondern auch soziale und kulturelle Konstellationen, dann müssen auch »diskursive Pathologien« zu den Gründen einer Erkrankung gerechnet werden. Dann müsste die Postpartum Depression auch als Erkrankung verstanden werden, die durch die selbst »kranken« gesellschaftlichen Vorstellungen über Mutterschaft ausgelöst oder verstärkt werden kann. Erst über diese psychoanalytische Promotionsschrift, diesen Zufallsfund im Internet, findet sie endlich den Weg zurück zu Freud (dass sie sich erst so spät und erst, als sie mit der Nase darauf gestoßen wird, an ihn erinnert, ist wohl kein Zufall).

In seinem Aufsatz *Trauer und Melancholie* (1917) vergleicht Freud die heute wie damals als pathologisch geltende Melancholie (worunter »er immer auch das verstand, was wir [...] depressive

Zustände nennen würden«) mit dem »Normalaffekt« der Trauer. Während Trauer als »normale«, verständliche und gesellschaftlich anerkannte Reaktion auf Verlusterfahrungen gelte – »auf den Verlust einer geliebten Person oder einer an ihre Stelle gerückten Abstraktion wie Vaterland, Freiheit, ein Ideal usw.«, die man nicht stören dürfe, die zu durchleben im Gegenteil als wichtig angesehen werde –, würde die Melancholie, »seelisch ausgezeichnet durch eine tief schmerzliche Verstimmung, eine Aufhebung des Interesses für die Außenwelt, durch den Verlust der Liebesfähigkeit, durch die Hemmung jeder Leistung und die Herabsetzung des Selbstgefühls«, als krankhaft gewertet, obwohl doch auch sie »schwere Abweichungen vom normalen Lebensverhalten mit sich bringt«.

Das Verhalten, das trauernde Menschen an den Tag legten, erscheine uns nur deshalb nicht pathologisch, so Freud, »weil wir es so gut zu erklären wissen«. Im Grunde aber trügen Trauer und Melancholie (bis auf die Störung des Selbstgefühls, die bei der Trauer im Unterschied zur Melancholie nicht gegeben sei) »dieselben Züge«, ja seien letztlich »dasselbe«: Bei *beiden* handle es sich um Reaktionen auf Verlusterfahrungen, wobei der Verlust des Melancholikers häufig »von mehr ideeller Natur« sei. Von einem lange Zeit begehrten Objekt zu lassen – wie konkret oder abstrakt es auch immer ist – sei nur unter »großem Aufwand von Zeit und Besetzungsenergie« zu leisten, denn ein Mensch verlasse eine »Libidoposition« nur sehr ungern, er sträube sich lange, und erst der »Respekt vor der Realität« gebiete irgendwann das Loslassen.

Der Text spricht zu ihr. Das Freud'sche »und so weiter« – weitere Dinge, deren Verlust oder Nichtvorhandensein einen Trauerprozess auslösen können – ist ihr altes Leben, ist die Selbständigkeit, die Autonomie, die ganz und gar verschwunden ist und die sie schmerzlich vermisst. Ihre Depression ist auch Ausdruck der

Trauer über den Verlust derjenigen, die sie einmal gewesen ist. Ist Ausdruck eines Leidens an den Unterschieden zwischen dem eigenen Frauenbild und dem gesellschaftlichen Mutterbild, an den Differenzen zwischen dem eigenen Selbstverständnis und gesellschaftlichen Erwartungen. An den Differenzen zwischen dem Gelebten und dem Erhofften und dem Erwarteten und dem Gewussten und dem Gefühlten. Leiden an einer Gesellschaft, die Frauen als instinktgetriebene Naturwesen einordnet und sie dadurch (schon wieder, noch immer) als das Andere der Vernunft markiert.

DIE FREUNDIN

Mit ihrer Freundin sitzt sie an einem lauen Frühherbstabend vor einem thailändischen Lokal in Friedrichshain, schräg gegenüber vom Rückbildungsstudio, in dem sie sich vor knapp zwei Jahren kennengelernt haben. Sie haben Sekt bestellt als Aperitif und prosten sich zu, aber noch bevor sie den ersten Schluck trinken, stellen sie gleichzeitig, als hätte es ein geheimes Signal dazu gegeben, die Gläser beiseite, um sich halb stehend über den Tisch hinweg zu umarmen, fest und lange.

— Wir haben überlebt, flüstert sie der Freundin ins Ohr.

— Ja, wir haben überlebt. Ist das nicht verrückt? Hat nicht immer danach ausgesehen.

Sie schauen einander an, strahlend und auch ein wenig ungläubig, dass sie wirklich beide hier sind. Dass es sie *immer noch* gibt.

Die Frau, die jetzt ihre Freundin ist, ist die Frau, die ihr in der Rückbildungsrunde als Erste auffiel. Ganz gerade stand sie am Ende ihrer Matte, groß und schlank, die langen braunen Haare zum Dutt gebunden, dunkler Teint und strahlend grüne Augen – eine außergewöhnlich schöne Frau. Sie hatte geradezu verrückte Ähnlichkeit mit Nofretete; als hätte die Große Königliche Gemahlin die Vitrine im Neuen Museum verlassen, als hätte sie ihre Helmkrone gegen ein breites Haarband aus bunt gemustertem Stoff eingetauscht, um nach Tausenden Jahren, verwandelt, wieder unter die Menschen zu gehen (ausgerechnet zu einem Rückbildungskurs nach Berlin Friedrichshain). Die antik anmutende Schönheit der Freundin kontrastierte auf reizvolle Weise mit der Lässigkeit, mit der sie sich kleidete: baumwollene, ziegelrote Leggins über schlanken, langen Beinen und ein graues T-Shirt, beides ein wenig ausgewaschen, als wäre sie eine Surferin, die die Sommer auf Fuerteventura und die Winter in Venezuela verbrachte und nur wenige Kleidungsstücke auf ihren der Sonne und dem Wind folgenden Wegen mitnehmen konnte.

Sie wirkte gänzlich autonom, ganz für sich, ruhig und selbstbewusst. Auch als nach neunzig Rückbildungsminuten die Frauen noch in Grüppchen beisammensaßen und sich austauschten, war sie freundlich, aber zurückhaltend. Ganz so, als müsse sie hier keine neuen Freundschaften schließen, als hätte sie gar keine Zeit dafür (vielleicht, so konnte man fantasieren, weil sie ohnehin bald mit ihrer winzigen Tochter in einen Bully steigen und Richtung Marokko aufbrechen würde, um den Rest des Winters bei Freunden in Marrakesch zu verbringen), ganz so, als bräuchte sie keinen Rat von anderen, weil sie mit ihrem sechswöchigen Baby mit geradezu schlafwandlerischer Sicherheit umginge, selbstsicher und bestimmt.

Die Frau, die heute ihre Freundin ist, hatte ihr Fahrrad am selben Baum angeschlossen wie sie. Als sie beide mit klammen Fingern mit den Schlössern hantierten, fanden sie heraus, dass sie nur zwei Straßen entfernt voneinander wohnten und denselben Heimweg hatten. Die Frau, die heute ihre Freundin ist, hatte ohnehin den Eindruck gemacht, an näheren Kontakten nicht sonderlich interessiert zu sein, und sie selbst war nach den verunglückten Gesprächen mit einigen der anderen Rückbildungsmütter vorerst auch die Lust auf neue »Mamafreundinnen« vergangen – insofern konnte sie, nachdem die mütterlichen Basisdaten höflichkeitshalber ausgetauscht waren, auf weitere Fragen auch ganz ehrlich antworten: Nein, es ginge ihr nicht gut mit dem Kind, genauer gesagt, wüsste sie seit einigen Wochen, dass sie unter einer Postpartalen Depression leide.

Nach diesem Bekenntnis, das jeglichem euphorischen *babytalk* einen Riegel vorschob und den Widerstand gegen das mütterliche Glücklichkeitsgebot anzeigte, konnten sie mit dem Reden nicht mehr aufhören. Sie redeten den ganzen Heimweg und den Spaziergang über, zu dem sie sich am nächsten Tag an der Brücke über den Kanal trafen, und dann alle Tage danach. Sie marschierten zweieinhalb Stunden jeden Vormittag und noch einmal so lang jeden Nachmittag, zu festen Zeiten, halb elf und halb vier. Sie spazierten redend durch den Sonnenschein bis zu dem Café, das Cappuccino und Smoothies durchs Fenster verkaufte, sie schoben und schleppten die Babys vom Urbanhafen bis in eine Gegend, die die Frau, die heute ihre Freundin ist, »Dreiländereck« nannte, weil sich dort die Kanalarme an den Grenzen dreier Bezirke treffen. Sie marschierten redend durch den Regen und später den Schnee und dann den Matsch, in den er sich verwandelte. Bald kaufte sie dieselben Stiefel, die die Frau, die in diesen Tagen zu ihrer Freundin wurde, von ihren Schwiegereltern geschenkt bekommen hatte: robuste Treter aus einem Katalog für Landwirte, »gemacht für Stall und Scheune«. Wie beste Teenagerfreundinnen sahen sie von hinten aus: die Bauernstiefel in schmalen dunklen Jeans, große schwarze Winterjacken, dicke Wollmützen, die eine schwarz, die andere rosa. Wer sie so miteinander sah, konnte kaum ahnen, dass sie sich aneinanderklammerten, sich in größter Verzweiflung aneinander festkrallten, um nicht unterzugehen in der Schwärze, die sie umgab, um in der Unterstützung der jeweils Anderen Sinn und Aufgabe für sich selbst zu erkennen, die das Weitermachen lohnen.

*

Rückblickend machte es den Anschein, als hätte die heutige Freundin damals nur auf einen winzigen Impuls gewartet, um sich ihre Verfassung endlich eingestehen zu dürfen, als hätte der kleine Stupser, als den sie ihr Gespräch auf dem ersten gemeinsamen Heimweg vom Rückbildungskurs empfand, genügt, um in ihr die Flut an Worten und Tränen freizusetzen, die sie beide fortan durch ihre gemeinsamen Spaziergänge tragen sollte.

Zum ersten Mal hatte sie einer anderen Frau rundheraus gesagt, wie schwer ihr die Mutterschaft falle, wie unglücklich sie sei. Der Frau, die heute ihre Freundin ist, ging es ähnlich. Ihre Erleichterung, endlich reden zu können (mit jemandem reden zu können, dem es ganz ähnlich ging, und nicht mit mal scherzhaften, mal moralinsauren Durchhalteparolen abgespeist zu werden), war unendlich groß. Langsam und zögerlich fasste sie ihre Gefühle in Worte und legte allmählich den ganzen Abgrund frei, über dem sich ihr Leben nur noch mühsam aufspannen ließ.

Die Tochter der Freundin war sechs Wochen jünger als ihr eigener Sohn. Das kleine Mädchen hatte am 11. September Geburtstag, und als die Freundin noch auf ihrem ersten Fahrradheimweg ohne zu schmunzeln bemerkte, dass das Datum passe, weil mit der Geburt ihrer Tochter der Terror auch in ihrem kleinen Leben Einzug gehalten hätte, wurde bereits deutlich, dass bei ihr nicht alles eitel Mutterwonne war. Die Tochter der Freundin war ein in sich gekehrtes kleines Mädchen, das wenig Blickkontakt suchte, sich für Baumkronen mehr interessierte als für das knallbunte Spielzeug, das man ihr reichte, für Straßenlaternen mehr als für Menschen, die sich freundlich zu ihr beugten, und auch als die Babywanne längst durch den Sportsitz eingetauscht worden war, schaute sie lieber in den Himmel als auf die großen Hunde, die vor ihrem Kinderwagen hin- und herliefen. Am allerliebsten blickte sie auf die

Gitterkonstruktion der Treppe, die zum Dachgeschoss ihres Wohnhauses führte, und auf das Bild mit den großen roten und grünen Flächen, das über dem Esstisch im Wohnzimmer ihrer Eltern hing. Wenn sie diese Gegenstände sah, lachte sie, laut und keckernd, wie ein sehr kleiner Fuchs mit tiefer Stimme.

Die Freundin fand ihr Kind merkwürdig, so ganz anders als die Babys, die sie kannte. »Nicht normal« sei es doch, dass das Kind kaum auf Menschen reagierte und dass der Blick auf die offenbar so faszinierenden Baumkronen die Aufmerksamkeit des Kindes dann doch nicht länger als fünf Minuten fesseln konnte; nach kurzer Zeit fing es an zu brüllen und akzeptierte nur die Trage, in der ihre Mutter sie ohne Unterlass herumschleppte (und dabei niemals stillstehen durfte, immer musste sie gehen und wippen und schaukeln).

Die ersten zwei Wochen nach der Geburt der Tochter waren noch unproblematisch gewesen. Das Kind schlief viel, der Vater des Kindes war zu Hause und kümmerte sich um sie und das Baby. Es erschien ihr nicht als Glück, ein Kind zu haben, aber auch nicht als Katastrophe. Doch schon als eine Bekannte kaum zwei Wochen nach ihr ein Kind auf die Welt brachte und auf Instagram ein Foto des Neugeborenen postete mit den Worten »Du passt perfekt in unsere Familie. You complete us. Herzlich willkommen!«, fragte sie sich, wie diese Frau das nur schreiben konnte. Wenn ich könnte, würde ich meine Tochter wieder hergeben und mein altes Leben weiterführen, als wäre nichts gewesen. Da war er, zum ersten Mal, der Gedanke, der die kommenden Monate ihr Leben bestimmen sollte. Noch war er klein und zart und bedrängte sie nicht allzu sehr. Aber er war da.

Vier Wochen nachdem die Freundin ihre Tochter auf die Welt gebracht hatte, musste der Vater des Kindes für zwei Tage und eine

Nacht verreisen, und sie war alleine mit dem brüllenden Baby, das sie nicht beruhigen konnte, das Stunden brauchte, um einzuschlafen, das sie mit Kinderwagen und Trage und Tasche über drei Stockwerke, durch sich immer zu früh schließende Bustüren, durch grelle Supermärkte zerrte, zog und schleppte. Einmal erreichte sie den Hof ihres Wohnhauses nur mit allerletzter Kraft. Dort brach sie zusammen, mit rasendem Herzen und Augen, die den Oktobernachmittag nur noch durch Schlieren sahen. Das Ereignis markierte für die Freundin einen Wendepunkt von der mehr oder weniger mühsamen Anfangszeit hin zu einem zeitlosen Schrecken.

Wenn die Freundin ihr davon erzählte, fand sie beinahe alle Motive und Elemente wieder, die auch bei ihr selbst die Manifestation der Depression begleitet hatten: das Gefühl, in einer ausweglosen Situation gefangen zu sein, die extremen Ängste vor jeder noch so kleinen Unternehmung, jeder Tag ein Albtraum, der sich ständig aufs Neue wiederholte.

Das morgendliche Aufwachen und der erste Gedanke: Heute muss ich das Kind wieder fünfmal zum Schlafen bringen. Was, wenn ich es nicht schaffe? Fünfmal in den Schlaf schaukeln, fünfmal stundenlang mit federnden Knien am Kanal entlanggehen (Schlaf um 10.30 und 15.30 h), oder von der Küche ins Wohnzimmer ins Arbeitszimmer (Schlafeinheiten um 7.30 h, 13.00 h, 17.30 h). Die Freundin kaufte sich ein kleines Notizheft. Jeden Tag hielt sie darin fest: 1. Die Länge des Schaukelns (inkl. Art des Schaukelns) 2. Die Länge des Schlafes ihrer Tochter 3. Die Länge der Wachphasen 4. Stillzeiten. Depressive Buchführung. Auch die Freundin war zur nervösen Bürokratin geworden, zwanghaft und getrieben.

Ihr Zeitmaß war das Album *25* von Adele, das die Freundin hörte, wenn sie versuchte, ihre Tochter zum Schlafen zu bringen: 48 Minuten und 20 Sekunden. Wenn das Baby innerhalb dieser

Zeit einschlief, war alles so weit in Ordnung, waren noch zwei Songs übrig, wenn das kleine Mädchen schlief, keimte sogar so etwas wie Hoffnung auf. Aber meistens war Adele längst verstummt, und das Baby brüllte noch immer.

Sweetest
It's the sweetest
Sweetest
It's the sweetest
Sweetest
It's the sweetest
Sweetest
It's the sweetest
Devotion

Die letzten Textzeilen setzen sich im Kopf der Freundin fest, kaum wahrzunehmen im Schreien des Babys.

Ich kann nicht mehr, ich möchte das nicht mehr.

Treffen mit alten Arbeitskolleginnen auf einen schnellen Kaffee endeten im Desaster, das Baby fing an zu schreien, sobald sich die Freundin setzte, sobald sie stehen blieb und ihre schaukelnden, federnden Bewegungen für einen Moment unterbrach.

Ihre Schwester, die in Moabit wohnte, war unerreichbar geworden, ebenso wie die Eltern ihres Freundes, die in der Nähe von Bremen lebten und die er gerne mit seiner eigenen kleinen Familie besucht hätte: Das Baby schrie im Bus und es schrie im Auto, es schrie in der U-Bahn und es schrie in der S-Bahn, es schrie im ICE und es schrie im Regionalexpress.

»Überreizung« wurde auch für die Freundin zum schrecklichen Zauberwort: Aus Angst vor Überreizung schlug sie stets die

Klappe aus festem Stoff, die oben an der Babytrage angebracht war, über den Kopf ihrer Tochter. Um zu vermeiden, dass sie in die Welt hinausschaute, um sie im dämmrigen Halbdunkel vor möglichen Irritationen zu schützen. Aber auch das halbdunkle Zelt, das sie dem Baby bei jedem Ausgang auf diese Weise errichtete, isolierte es nicht völlig, manche Reize drangen doch zu ihm. In Panik nahm die Freundin Reißaus vor den schnatternden Enten am Kanal, sie hastete nach Hause, Tür zu.

Das ist jetzt also mein Leben, dachte sie dann. Ich kann nicht Auto fahren, ich kann nie mehr ins Café gehen. Ich werde es nie mehr auch nur in einen anderen Bezirk schaffen.

Die Freundin wog keine fünfzig Kilo mehr, hatte in acht Wochen mehr als zehn Kilo verloren. Nur noch Haut und Knochen war sie, zum Kochen oder Backen fehlte ihr, die die herrlichsten Kuchen und Torten machen konnte, die Zeit. Sie ernährte sich ausschließlich von Dominosteinen, die sie immer vorrätig hatte.

Der Geschmack von braunem Lebkuchen mit Fruchtgelee, Marzipan und Schokolade wird sie ihr Leben lang an die Freundin erinnern.

Den ganzen Tag verbrachte die Freundin an ihrem Handy, die wenigen Stunden, die ihr Kind in seinem Bettchen schlief, ebenso wie die vielen Stunden des einsamen Spazierengehens und auch den ganzen Abend, wenn ihr Freund zu Hause war.

10 Tipps, damit Ihr Baby schneller einschläft.
100 Tipps, ein schreiendes Baby zu beruhigen.
1000 Tipps für ein entspanntes Leben mit Säugling.

Nichts half. Sie streifte durch Online-Foren und ließ sich von den Ratschlägen der digitalen Mütter weiter verunsichern, sie durchforstete Hunderte Blogs und Ratgeber-Seiten.

> *Lassen Sie Ihr Baby möglichst nicht während des Stillens einschlafen, sonst gewöhnt es sich daran und braucht Sie noch sehr lange, um in den Schlaf finden zu können. Schaukeln Sie es lieber sanft in den Schlaf.*

Sie wippte und schaukelte noch mehr, noch länger und kräftiger als zuvor. Es klappte nicht. Verzweifelt legte sie das Baby an ihre Brust. Regelmäßig überrollten sie Panikattacken, wieder machte sie etwas falsch, schlug die guten Ratschläge in den Wind und schaufelte sich ihr eigenes Grab, weil ihre Tochter NIEMALS lernen würde, ohne ihre Brust einzuschlafen.

> *Nehmen Sie Ihr Baby bloß nicht mit ins eigene Bett – es wird nie wieder alleine schlafen wollen, und Ihnen entgeht die Ruhephase, die Sie so dringend brauchen!*

Sie nahm ihre schreiende Tochter aus dem Kinderbettchen, zu sich ins Bett, das Herz raste, in ihren Ohren sauste das schlechte Gewissen und die Überzeugung, eine Versagerin zu sein.

*

Allmählich reifte in der Freundin die Überzeugung, dass ihre Tochter ein *High Need Baby* war – ein Baby also, das sensibler auf äußere Reize reagierte und seine Bedürfnisse vehementer äußerte als viele andere – und dass ihre eigene Erschöpfung und Nervosität, ihre Verzweiflung über das Leben mit Kind und die Ablehnung ihres Babys in dieser Tatsache begründet lag. Sie begann zu googeln – Hunderte Male und in allen Kombinationen das Wort »Regulationsstörung« – und sich über Kennzeichen einer solchen Störung zu informieren. Nach Therapiemöglichkeiten zu suchen. Bald fand sie eine Psychologin, die sich auf Schreibabys spezialisiert hatte.

Sie sehe, dass die Freundin extrem nervös und unruhig sei, sagte die Dame, das übertrage sich natürlich aufs Kind. Wenn die Mutter gelassener wäre, würde sich das garantiert auch auf das Baby auswirken. Sie riet zu Urlaub auf dem Land, zu einigen Wochen auf dem schwiegerelterlichen Hof mit dem großen Garten und den Tieren, empfahl Entspannungsbäder und eine Putzhilfe, Massagen und Stressabbau.

Die Freundin war empört. Die Psychologin, so erzählte sie später, hätte nur das Kind in Schutz genommen und dabei ihr die Schuld in die Schuhe geschoben! Als ob es an IHR läge, dass die Tochter so schwierig, dass das Leben mit Baby die Hölle sei.

Falls sie Suizidgedanken hätte, fügte die Psychologin noch hinzu, müsse sie sich unbedingt einweisen lassen. Aus allen Wolken sei sie angesichts dieser Frage gefallen, echauffierte sich die Freundin beim Vater ihrer Tochter und bei ihrer Mutter, wie kann die Frau so etwas auch nur vermuten, völlig abwegig sei das.

Die Wahrheit war, dass sie schon an Selbstmord dachte, seit ihre Tochter knapp zwei Monate alt war. Sie erzählte es niemandem und log nicht nur die Psychologin an, sondern auch ihre Hebamme, die danach fragte, als sie zu einem der letzten Nachsorgetermine zu ihr nach Hause kam, und der sie von ihrem Unbehagen mit dem Kind berichtete.

Aber noch blieb der Gedanke theoretisch, er lag gut verpackt im hintersten Winkel des Kopfes der Freundin, wie in einem Kellerabteil, dessen Existenz man sich auf seinen alltäglichen Wegen durch die Zimmer eines Hauses nur selten vergegenwärtigt.

Gegen Jahresende verfestigte sich in der Freundin die Überzeugung, dass ihre Tochter nicht einfach nur merkwürdig war, dass sie nicht nur ein *High Need Baby* war, sondern eine manifeste psychische Störung aufwies. Anders konnte sie sich die Probleme, die das Leben mit Kind für sie bereithielt, nicht erklären. Wäre ihre Tochter »normal«, wäre doch wohl auch das Leben mit dem Säugling »normal« und würde nicht eine derartige Belastung darstellen, sie nicht so überfordern. Rund um Silvester kristallisierte sich für die Freundin eine Diagnose heraus, die die Merkwürdigkeiten ihrer Tochter – die ausbleibende Reaktion, wenn ihr Name gerufen wurde, die Unfähigkeit des Kindes, Augenkontakt herzustellen, die Zurückgezogenheit, das Interesse an Mustern – erklären sollte: Autismus.

Mit Argusaugen beobachtete, kontrollierte und *screente* die Freundin ihre Tochter nach Anzeichen, die ihre Diagnose bestätigten. Sie fand sie zuhauf und fertigte beinahe rund um die Uhr Videos des Babys mit ihrem Handy an: Das Baby beim Essen und beim Baden, das Baby in der Wippe im Badezimmer, während die Freundin in der Dusche stand, das Baby mit gleichaltrigen Babys, das Baby, wenn ihm ein Lied vorgesungen wurde, das Baby im Kinderwagen. Die Freundin meldete sich in Internetforen für Eltern behinderter Kinder an. Tag und Nacht (schlafen konnte sie längst nicht mehr) schaute sie sich Videos an, die Mütter in Dallas und Paderborn, in Tiflis und Melbourne von ihren autistischen Kindern hochluden.

Ihr Freund beruhigte sie, er wollte keine Behinderung erkennen. Das machte die Freundin noch rasender. Sogar ihr eigener Partner verleugnete die Behinderung des gemeinsamen Kindes!

Sie führte Buch über die Merkwürdigkeiten ihrer kleinen Tochter, sie filmte und filmte. Die täglichen Spaziergänge, die die beiden Freundinnen gemeinsam absolvierten, waren mittlerweile gefüllt mit der Vorführung kurzer Videos, die jene von ihrer Tochter gedreht hatte: Das kleine Mädchen liegt in der Wippe, ihre Mutter kniet vor ihm, kaum fünfzehn Zentimeter von ihrem kleinen Gesicht entfernt. Sie ruft ihren Namen, dreimal, viermal. Zehnmal, ganz schnell hintereinander. Das Kind wendet sich ab, schaut rechts an seiner Mutter vorbei. Das Baby in der Babyschale am Esstisch, vor dem Bild im Op-Art-Stil. Es lächelt beseelt beim Anblick der plakativen Muster. Da kommt der Arm ihrer Mutter ins Bild, die die Aufmerksamkeit des Babys auf eine Teddybärrassel umlenken möchte. Die Tochter blickt weiter auf das Bild, die Rassel ignorierend, sie lächelt und lächelt die schwarzen, weißen und roten Farbflächen an.

Viele Stunden Material dieser Art hatte die Freundin schon auf ihrem Smartphone gespeichert, und noch vor Weihnachten wandte sie sich an die Autismusambulanz, wo sie umgehend einen Termin erhielt. Eine freundliche Kinderpsychologin empfing sie. Für eine Diagnose sei es noch viel zu früh, sehr deutlich ausgeprägte Formen von Autismus könnten frühestens im dritten Lebensjahr erkannt werden. Aber um eine Einschätzung zu geben, sehe sie sich ihre Tochter gerne an. Bis zum nächsten Mal sollte die Freundin ihre Tochter in einigen wenigen, konkreten Situationen filmen.

Beim Folgetermin sah die Kinderpsychologin sich die Handyvideos konzentriert an. Sie könne die Freundin wirklich beruhigen. Sie sehe ein ganz normal entwickeltes Kind ohne jegliche Auffälligkeiten.

Nach der Psychologin in der Schreiambulanz war dies schon die zweite Expertin, die mit ihrer Diagnose in den Augen der Freundin vollkommen falschlag. Wie konnte man die schwere Störung ihrer Tochter nur übersehen? Sie blieb dabei: Ihr Kind weise eine ernstliche geistige Behinderung auf.

Ihr Freund, ihre Mutter, ihre engsten Freundinnen wollten das ebenso wenig erkennen wie die medizinischen Expertinnen. Je mehr die Menschen um sie herum beteuerten, dass alles in Ordnung sei und ihre Tochter ein ganz normales Baby, desto schlimmer wurde es, desto isolierter fühlte sich die Freundin, desto wütender wurde sie. Aus lauter Verrätern bestünde ihr engstes Umfeld, die sie nur beruhigen wollten, um ihr nicht schon wenige Monate nach der Geburt des Kindes die schreckliche Wahrheit, die einer Zerstörung ihres gesamten Lebens gleichkäme, zumuten zu müssen. Denn so dachte die Freundin: dass ein unbeschwertes, leichtes und schönes Leben nie mehr möglich sein würde. Auf den Morgenspaziergängen sprach sie von Integrationskindergärten und -schulen, darüber, dass ihre Tochter niemals in der Lage sein würde, selbständig zu arbeiten und Geld zu verdienen, dass das Kind aller Voraussicht nach nie alleine leben würde können, dass es für immer abhängig von ihr sein würde. Die Freundin sah sich und ihren Freund alt und grau in einer Erwachsenen-WG mit der behinderten Tochter, sie sah sich selbst langsam vergehen, ohne auch nur einen einzigen weiteren heiteren Tag in ihrem Leben verbracht zu haben.

Die Freundin sagte, sie hätte jedes andere Baby lieben können, nur eben dieses nicht. Ausgerechnet dieses nicht, das ihre Tochter war. Sie hätte eine so glückliche, gute und liebevolle Mutter sein können, aber einem anderen Kind und nicht dieser behinderten Tochter.

Für sie selbst war es schwer, der neuen Freundin gegenüber den richtigen Ton zu treffen. Sie war ganz überzeugt, dass mit dem kleinen Mädchen alles in Ordnung war. Natürlich war sie keine Expertin, aber in den vielen Stunden, die auch sie täglich mit dem Baby der Freundin verbrachte, konnte sie keine großen Unterschiede zwischen diesem Baby und allen anderen, mit denen sie in jenen Monaten zu tun hatte, erkennen. Dennoch: Verträte sie diese Position vehement, würde sie sich in die Gruppe derjenigen einreihen, die das Offensichtliche verleugneten, die der Freundin in den Rücken fielen und sie für dumm verkaufen wollten. Gäbe sie der Freundin allerdings (gegen ihre eigene Überzeugung) recht, bekäme sie Angst, die Aufregung noch zu nähren, ihre Panik zu vertiefen.

Als sich die beiden Frauen an einem eisigen Januarvormittag das erste Mal nach den Weihnachtsfeiertagen wieder zum Spaziergang am Ufer des Kanals trafen, hatte die Freundin jede Hoffnung auf Stabilisierung der ohnehin schon extrem belastenden Situation aufgegeben. Ihre Tochter hätte in den vergangenen zehn Tagen nichts (gar nichts!) anderes beachtet als das karierte Kissen auf dem Sofa, das Bild über dem Küchentisch und den auffällig gemusterten schwarz-weißen Pullover der Mutter. Keine Kerzen am Weihnachtsbaum, kein Glitzern und Glänzen, kein Papierrascheln oder Glockengeläut hätte das Baby von den Mustern in der Wohnung abbringen können.

Mit Ausnahme der Kanalspaziergänge verließ die Freundin die Wohnung kaum noch. Sie lebte in den Videos von autistischen Babys und Kleinkindern auf Youtube und in den Autismusforen, die ihr zu einem zweiten Zuhause geworden waren, wo sie verstanden und wo ihr Wissen über den Zustand ihrer Tochter nicht ständig angezweifelt wurde – im Gegenteil: Hier beschrieben Eltern (meist Frauen) die Situation, in der die Freundin sich befand, mit größter Genauigkeit: Wie auch sie von ihrem sozialen Umfeld, von Ärztinnen und Psychologen für verrückt gehalten worden waren, wie ihnen niemand geglaubt hatte, bis Jahre später die Behinderungen ihrer Kinder bestätigt und auch für die anderen, die Familie und die Mediziner, sichtbar wurden und sie endlich nicht mehr als irre Kassandras galten, sondern als die hellsichtigen Mütter, die letztlich doch recht behalten hatten. Genau so, prophezeite die Freundin, würde es sich in ihrem Fall auch verhalten. Sie sei die Einzige, die die Lage angemessen beurteilen könne, alle anderen verleugneten die schreckliche Wahrheit nur. Am Ende aber würde sich ihre Diagnose als richtig herausstellen.

Die Bestätigung, die sie aus diesen Foren erhielt, und die Zweifel, die ihr Umfeld sowie die medizinischen Expertinnen, die sie kontaktierte, am Autismus ihrer Tochter äußerten, entfalteten eine merkwürdige Dynamik, die zur immer weiteren Spezifizierung der von der Freundin gestellten Diagnose führte: Bald war sie der festen Überzeugung, dass ihre Tochter unter dem äußerst seltenen Rett-Syndrom leide. Das Rett-Syndrom, von dessen Existenz die Freundin in ihren Foren erfahren hatte, ist, wie sie verzweifelt auf Wikipedia nachlas, eine tiefgreifende Entwicklungsstörung: »Menschen mit Rett-Syndrom zeigen typischerweise Symptome von Autismus und Störungen der Bewegungskoordination (Ataxie). Manche erkrankte Personen haben eine geistige Behinderung, viele sprechen einige Worte und können einfachen Aufforderungen folgen. Weiterhin charakteristisch für das Rett-Syndrom sind epileptische Anfälle und Handstereotypien, die den Bewegungen beim Händewaschen ähneln.«

Endlich hatte sie, so meinte die Freundin, eine Erklärung für die aufgeregt flatternden Handbewegungen gefunden, die ihre Tochter vollführte, wenn sie ihre Lieblingsobjekte betrachtete, als wären ihre Babyärmchen Flügel, mit deren Hilfe sie gleich abheben wollte. Rett-Syndrom, davon hatten Freunde und Verwandte noch nie gehört, weshalb sie sich mit Einschätzungen zurückhalten mussten. Je seltener und ausgefallener die Krankheitsbilder wurden, die die Freundin mit ihrer Tochter in Verbindung brachte, desto mehr entledigte sie sich der Skeptiker aus ihrem nächsten

Umfeld, desto schwieriger wurden die Diagnosen, desto rarer die Expertinnen, die sich dazu äußern konnten. Desto länger konnte sie recht behalten. Desto länger blieb die Erzählung intakt, nach der ihre eigene Verzweiflung, ihre Traurigkeit und Überforderung einen validen Grund außerhalb ihrer selbst hatten.

Die Einschätzung der Experten in der Autismusambulanz, die auch das Rett-Syndrom ausschlossen, wollte die Freundin nicht wahrhaben. Manisch drehte sie weiter Video um Video und schickte sie der dortigen Kinderpsychologin. Alle zwei Wochen tauchte sie dort auf, mit immer noch mehr, mit noch eindeutigerem Material im Gepäck. Jetzt müssen es alle sehen! Mit diesem Video werden die Expertinnen überzeugt sein!

Die Psychologin blieb lange freundlich und bestimmt bei ihrer Diagnose, aber bald wurde der Frau klar, dass das Problem nie beim Baby gelegen hatte, sondern die Mutter diejenige war, die auf Hilfe angewiesen war. Und so setzte sie der Freundin irgendwann im Februar die Pistole an die Brust. »Ich werde mir«, schrieb sie ihr, »Videos Ihrer Tochter erst wieder ansehen, wenn Sie sich Hilfe gesucht haben.« Ihrer Auffassung nach leide die Freundin unter einer Postpartalen Depression, und sie habe einen Punkt erreicht, an dem das Bild, das sich die Depressive von der Welt mache, von der Realität nicht mehr zu unterscheiden sei. Für so alarmierend hielt die Psychologin die Situation, dass sie am selben Abend, an dem sie diese Nachricht schrieb, auch den Lebenspartner der Freundin anrief. Ihre Frau braucht Hilfe, sagte sie zu ihm. Ohne Medikamente wird sie es nicht schaffen. Alarmiert rief er umgehend in der Praxis einer Psychiaterin an, die auf Postpartum Depressionen spezialisiert war. Und tatsächlich klappte es, die Freundin bekam kurzfristig einen Termin.

Ob sie Selbstmordgedanken hege, fragte die Psychiaterin die

Freundin umstandslos beim ersten Kennenlernen. Sie nickte. Ob sie nur daran denke oder ob es schon konkrete Pläne gebe? Es gebe konkrete Pläne, gab die Freundin zu. Ob sie diese bitte darlegen könne?

Ja, sie wisse es ganz genau, erklärte sie. Mit dem Fahrrad würde sie zu der großen Brücke fahren, die über die Spree führt und die sie immer auf dem Weg zum Rückbildungskurs überquerte. Genau in der Mitte würde sie stehen bleiben und erst das Rad in den Fluss werfen. Anschließend würde sie – so schnell, dass Passanten nicht eingreifen könnten (es wären ohnehin nur wenige Menschen unterwegs, denn sie plane für den späten Abend, wenn ihr Freund das Baby hüte und sie ein Treffen mit einer Freundin vorschützen könne) – über das Geländer klettern und sich nach vorne fallen lassen, in die Schwärze. Weg, aus, endlich vorbei.

Die Psychiaterin verschrieb ihr sofort Medikamente: gegen die Depression und gegen die Panikattacken, die die Freundin immer wieder heimsuchten. Ab sofort sollte sie einmal pro Woche vorbeikommen.

Die Medikation und der angeordnete Rhythmus, in dem die Freundin in der Ordination vorstellig werden musste, ließen die beiden Frauen darauf schließen, dass die Freundin als durchaus ernster Fall gelten müsse. Dabei hatte sie in der ersten Sitzung noch nicht einmal die ganze Wahrheit gesagt. Erst viele Monate später sollte sie erzählen, wie es wirklich gewesen war. Bis heute weiß kaum jemand, dass die Geschichte vom Sprung in die Spree nur erfunden war. Nicht dass sie damals, kurz vor Beginn der Therapie, über einen Zeitraum von vielen Wochen, nicht wirklich an Selbstmord gedacht hätte – sie hatte tatsächlich an nichts anderes gedacht. Die Selbstmordpläne waren das Einzige, was ihr durch den Tag half, der einzig helle Gedanke am Morgen, wenn sie an die fünf

Mal Schaukeln dachte, die fünf Stunden Spazierengehen auf diesen Beinen, die schon so dünn und zittrig waren vor lauter Appetit- und Schlaflosigkeit. Aber sie hatte nie daran gedacht, sich nachts in die Spree zu stürzen. Ihre Pläne waren andere gewesen:

Eines Tages, als das Gefühl der Ausweglosigkeit sie zu übermannen schien, hatte sie sich von ihrer Tochter, die in ihren Armen lag, verabschiedet. Jetzt ist das letzte Mal, dass ich dich schaukle. Das kleine Mädchen tat ihr leid, aber die Erleichterung überwog: Bald würde es vorbei sein. Dann ging sie mit dem Baby die drei Stockwerke hinunter, sperrte ihr Auto auf und legte den kleinen Schalter, mit dem man den Beifahrerairbag ein- bzw. ausschaltete (und der immer nach links zeigen musste, wenn man mit Babyschale unterwegs war, damit der Airbag bei einem Aufprall diese nicht gegen den Sitz schleuderte), nach rechts um: Airbag aktivieren. Danach legte sie ihre Tochter in den Maxi-Cosi, ohne sie anzuschnallen, und fuhr los. Nach Südwesten, auf die A 100 – zu der Ausfahrt, die man nehmen musste, um zur Wohnung ihrer Mutter zu gelangen, zu der Wohnung, in der sie selbst aufgewachsen war. Nirgendwo sonst gab es einen so ideal platzierten Betonpfeiler. Man könnte, ohne abbremsen zu müssen, direkt hineinknallen, 100 km/h, der Beifahrerairbag würde aufspringen, das Baby gegen den Sitz oder ins Heck geschleudert werden, sie selbst durch die Windschutzscheibe und dann gegen Beton.

Sie schaffte es nicht, das Lenkrad scharf nach rechts zu reißen, gegen den Pfeiler. Wie eingefroren waren ihre Arme, bewegungsunfähig. Ihre Tochter, die beim Autofahren sofort eingeschlafen war, ruhte selig in der Babyschale, nichtsahnend und vertrauensvoll, als ihre Mutter den Pfeiler hinter sich ließ und weiterfuhr Richtung Grunewald.

Viermal kam sie so weit, und dreimal vergaß sie, nachdem sie ihr Kind aus dem Auto gehoben und abgeschlossen hatte, den Airbag-Schalter erneut nach links umzulegen. Ihr Freund vermutete schon ein Gebrechen, das in der Werkstatt überprüft werden müsse. Mit Engelszungen konnte sie ihn davon abhalten, diesen Plan weiterzuverfolgen. Vielleicht habe sie selbst den Schalter irrtümlich gestreift, beim Hantieren mit dem Maxi-Cosi alles so umständlich ...

Das fünfte Mal sollte das letzte Mal sein. In Tränen aufgelöst, legte sie die Strecke an einem Abend im März zurück, mit einer Verzweiflung, die sich über ein halbes Jahr angestaut, vertieft und verbreitert hatte, einer Verzweiflung, die nicht mehr auszuhalten war. Und ausgerechnet jetzt, bei diesem fünften Mal, das ihren Tod und den Tod ihrer Tochter besiegeln sollte, schlief das Kind nicht ein. Die Freundin fuhr Schleifen auf der Autobahn, fuhr hin und her, von Wilmersdorf nach Steglitz und wieder zurück, aber ihre Tochter sah sie nur an mit großen Augen. Sie brüllte nicht, sie schaute still und erwartungsfroh ihre Mutter an, und die konnte ihr waches Kind nicht mit sich in den Tod reißen, die fuhr zurück, und als sie ihre Tochter aus dem Auto hob, schob sie den Airbag-Hebel ein für alle Mal nach links.

*

In langen, aufreibenden Sitzungen mit der Psychiaterin fand die Freundin über Wochen und Monate wieder zu sich zurück. Die Psychiaterin half ihr, mit der Zeit von der fixen Idee loszukommen, dass bei ihrer Tochter eine Entwicklungsstörung vorlag. Allmählich konnte sie verstehen, dass die Pathologisierung ihres Kindes Resultat ihrer eigenen Depression war. Ganz eindeutig hatte sie ihre neue Lebenssituation als Mutter als »nicht normal« eingeordnet, nur suchte sie den Grund dafür nicht bei sich selbst, sondern eben bei ihrem Kind. Einmal fragte die Freundin die Psychiaterin, ob es anderen Frauen auch so ginge wie ihr. Ob es andere Mütter gebe, die ihre Kinder für krank erklärten, um sich so ihr verwüstetes Leben, in dem mit der Geburt des Kindes kein Stein mehr auf dem anderen geblieben war, erklären zu können. In der Tat sei ein derartiges Verhalten bei depressiven Müttern gar nicht so selten zu beobachten, antwortete die Psychiaterin ihr. Entwicklungsstörungen würden von depressiven Müttern häufig vermutet, sie habe aber auch schon eine Patientin gehabt, die fest davon überzeugt war, dass ihr Sohn an einer Hautkrankheit leide. Waren es bei der Freundin die Hunderte Handyvideos, die sie von ihrer Tochter drehte, um deren Autismus zu dokumentieren und beweisen zu können, suchte jene Frau den Körper ihres Babys mehrere Stunden am Tag mit einer Lupe ab, um die weitere Ausbreitung eines Ausschlages, den nur sie selbst sehen konnte (jede größere Pore, jede minimale Rötung für ein Zeichen einer schweren Erkrankung haltend) aufzuspüren.

Es wurde Frühsommer, und die Kreise, die die beiden Frauen gemeinsam zogen, wurden weiter. Sie trauten sich, mit beiden Kindern im Auto zu einem Badesee zu fahren (die eine musste den Kindersitz, auf dem Kinderwagen balancierend, in dem ihr Kind mittlerweile sitzen konnte, die riesige Badetasche und den Sonnenschirm zur anderen schaffen – ein Unterfangen, das beide noch wenige Monate zuvor niemals auch nur in Gedanken hätten absolvieren können), sie verbrachten lange Tage auf den Wiesen des Tiergartens und waren stolz, dass die Kinder ihren Mittagsschlaf nun auch schon im Freien machen konnten, im Wagen oder auf einer der Decken, die sie im Halbschatten unter einer Rotbuche ausgebreitet hatten. Bei alledem wussten sie, dass all das nicht selbstverständlich war – für sie beide ohnehin nicht, aber im

Grunde genommen für niemanden, der seine Tage mit Kindern verbrachte, sie hütete und versorgte, sich um sie kümmerte und pflegte, eine Kleinigkeit.

Nun sitzen sie beide beim Friedrichshainer Thai. Die Freundin ist erst gestern aus dem Urlaub mit ihrem Freund und ihrer gemeinsamen Tochter zurückgekommen. Einmal waren sie im Schwimmbad, erzählt die Freundin, tief in der niederösterreichischen Provinz: Ihre Tochter zieht sie zur Wasserrutsche. Die Mutter nimmt sie auf den Arm, steigt die vier kleinen Stufen hoch und gleitet mit ihrem Kind nach unten, blinzelnd gegen die Sonne. Das kleine Mädchen gluckst vor Freude, als das Wasser spritzt und sie gemeinsam im silbrig glänzenden Becken landen. Das hätte ich um ein Haar verpasst, denkt die Freundin, als sie mit ihrer Tochter aus dem Becken steigt. Es riecht nach Chlor und Vanilleeis, die Schwalben fliegen hoch am Himmel.

*

Zwei Monate später gehen zwei kleine Kinder – beide sind rund zwei Jahre alt – Hand in Hand den breiten, von hohen Ahornbäumen gesäumten Gehweg entlang, der zu dem Kindergarten führt, den sie gemeinsam besuchen. Der kleine Junge macht Faxen, er springt so lange auf und ab, bis seine Freundin mitmacht. Er ist der Kletterer, der Renner und Hüpfer, der Purzelbaumschläger. Er spricht noch nicht viel, aber er weiß schon, wer er ist: Pumuckldinosaurier! Das Mädchen an seiner Seite hingegen plaudert den ganzen Tag – mit sich selbst, mit den Kindergartenfreunden und den Erzieherinnen, mit allen, die sie trifft. Schon vor Wochen konnte sie ganze Lieder singen, jetzt spricht sie in Haupt- und Nebensätzen. Sie ist hellwach, fröhlich und bestimmt. Sie ist nicht autistisch. Sie hat kein Rett-Syndrom.

DIE ERFINDUNG DER MUTTERLIEBE

In den letzten Wintertagen, die umso grimmiger wirken, weil es eigentlich schon Frühling sein sollte, fährt sie zu einer wissenschaftlichen Tagung nach Jena. Zwar ist ihre Elternzeit noch nicht zu Ende, aber sie hat die Einladung trotzdem angenommen, froh, dass man sie nicht ganz vergessen hat; dass es da draußen noch Menschen gibt, die wie selbstverständlich davon ausgehen, dass sie noch diejenige ist, die sie vor der »Babypause« war. Dass sie noch genauso gute Vorträge halten kann wie vorher. Dass Intellekt und Witz nicht verschwunden sind, nur weil sie ein Kind auf die Welt gebracht hat. Dass sie noch denken kann. Sie möchte so tun, als stimmte das alles, und außerdem möchte sie gerne eineinhalb Tage weg von zu Hause. Nach einem Dreivierteljahr zum ersten Mal wieder einmal rauskommen. Eine Nacht alleine im Hotel verbringen, elf Stunden schlafen und am nächsten Morgen mit dem Aufzug direkt zum Frühstücksbuffet fahren: Orangensaft, Fruchtsalat aus der Dose, Nutella und billige Aufbackbrötchen. Herrlich.

Auf dem Weg zum Hauptbahnhof hat sie Mühe, den kleinen Koffer durch den Schneematsch zu ziehen. Der Splitt blockiert die kleinen Rollen immer wieder, sodass anstelle des lässigen geschäftsreisenden Gleitens, für das das Gepäckstück bestimmt ist, nur ein schwerfälliges und kräftezehrendes Ziehen möglich ist.

Die Situation hat etwas Allegorisches: Die flotte, unabhängige Reisende, die sie so gerne darstellen möchte (die sie so gerne wäre!), ist konfrontiert mit Sand im Getriebe, der ihr alle Souveränität raubt und ihr vergebliches Bemühen, zu alter Form zurückzufinden, offenlegt. Mit verbitterter Entschlossenheit bemüht sie sich, zielstrebig voranzuschreiten wie die Frauen in der Rimowa-Werbung: ausgreifende Schritte, fliegende Marlenehosenbeine, kein Gedanke an das 10.30-h-Biokarottengläschen.

*

Es ist der richtige Zeitpunkt, die Stadt für einen kurzen Moment zu verlassen. Nicht nur, weil sie sich seit so vielen Monaten nichts mehr ersehnt hat, als einige Zeit alleine zu sein, sondern auch, weil nach diesen knapp zwei Tagen vielleicht schon zumindest ein wenig Gras über die Sache mit der Nachbarin gewachsen sein wird. Es treibt ihr die Schamesröte ins Gesicht, wenn sie nur daran denkt (sie hat die letzten Tage die Wohnung nicht verlassen können, ohne vorher mit spitzen Ohren zu hören, ob sich die Nachbarin auch gerade anschickte, nach draußen zu gehen, um in diesem Fall zu warten, bis sie diese vom Küchenfenster aus den Hinterhof durchqueren und auf die Straße hinaustreten sah). Wie kaum ein anderes Ereignis der letzten Monate hat ihr der Zwischenfall vor Augen geführt, wie weit sie sich von der Frau entfernt hat, für die sie sich gehalten hat. Es war eine unglückliche Fügung: Wenige Wochen bevor sie mit dem Baby in die Wohnung des Vaters des Kindes zog, hatte dessen Nachbarin die Beziehung mit ihrem langjährigen Lebensgefährten beendet – wobei »Lebensgefährte« eine viel zu freundliche und irgendwie irreführende Bezeichnung für diesen nicht mehr ganz so jungen Mann war, der ein manifestes Alkoholproblem hatte, seine Freundin im Verlauf ihrer stetig schärfer werdenden Konflikte regelmäßig anbrüllte und dabei ab und zu auch handgreiflich wurde (das konnte man durch die hauchdünne Rigipswand, die die beiden Schlafzimmer trennte, zweifelsfrei feststellen). Nachdem sich die Nachbarin von der Beziehung und deren Ende erholt hatte, meldete sie sich offenbar bei einer Dating-App an – zumindest führte sie seitdem ein geradezu exzessives Sexualleben. Von Donnerstag bis Sonntag war allnächtlich ein anderer Mann bei ihr zu Gast. Manchmal landeten sie gleich nach der Begrüßung im Bett, manchmal wurde erst die Musik laut aufgedreht, getanzt und getrunken, bevor es losging (die Wand war wirklich extrem dünn, wie eine mit Raufasertapete beklebte Pressspanplatte; man hörte einfach alles). Und der Sex war nicht einfach Sex, sondern Show-off-Tinder-Sex, bei dem sich die Nachbarin und die immer neuen Männer von ihrer wildesten, lautesten, verrücktesten und schamlosesten Seite zeigen wollten. Es wurde geschrien und gestöhnt und *dirty* getalkt, stundenlang. Nächtelang.

Sie, die immer noch unter Schlafstörungen litt, die durch das unruhige Baby, das nachts immer noch gestillt werden wollte, noch verstärkt wurden, und die ja sowieso das Gefühl hatte, dass ihr eigenes Leben mitsamt seiner Sinnlichkeit und Intensität unrettbar verloren war, konnte den Lebenswandel der Nachbarin kaum ertragen. Das Stöhnen. Die Schreie. Der Soundtrack. Nicht selten wachten die Nachbarin und ihre *sex buddies* auf, wenn das Kind schrie (denn in die andere Richtung waren die Wände ja auch durchlässig), und diese Störung nutzten sie dann gleich für eine neue Runde. Selbst wenn sie auf das Schlafsofa ins Wohnzimmer übersiedelte, wo in seinen freien Nächten ihr Freund schlief, schlug das Babyphone an und übertrug den Sex der Nachbarin. Es gab einfach kein Entkommen. Ihre Wut wurde von Nacht zu Nacht größer und regte sich schon, sobald sie abends das Schlafzimmer betrat.

Eines Morgens – sie hatte, wenn überhaupt, vielleicht drei Stunden geschlafen – vermochte sie ihren Ärger nicht mehr zu bändigen. Zum Zerreißen gespannt waren ihre Nerven, das Gesicht fahl, vom Schlafmangel gezeichnet. Wenn sie selbst nicht mehr vögeln konnte, weil alles so lustlos und langweilig geworden war, so trocken und schwabbelig, so unsexy und hoffnungslos, dann sollte es auch niemand anders tun! Und schon gar nicht so oft. Konnten die Leute denn gar keine Rücksicht mehr nehmen? Sie schnappte sich einen Stift und ein Blatt Druckerpapier und schrieb: *Dear Neighbour*, (den Vornamen der Nachbarin kannten weder sie noch der Vater des Kindes, obwohl sie bereits seit mehreren Jahren nebenan wohnte; immerhin hatten sie mitgekriegt, dass sie Australierin war und kaum ein Wort Deutsch sprach), *it's one thing to have a fulfilling and active sex life, but it's another to put on a nightly sex-show with a variety of sexual partners that keeps everyone around awake. In the interests of good neighborliness, I would like to ask you to limit the volume and the number of sex/party nights to a tolerable level.*

Am Nachmittag, als der Vater des Kindes nach Hause kam und sie für eine Stunde allein an die frische Luft ging, legte sie das gefaltete Blatt Papier unter die Türmatte der Nachbarin, das fand sie persönlicher, als es einfach in den Briefkasten zu stecken.

Nachdem sie in ihrem Stammcafé einen Americano getrunken und ein paar Seiten gelesen hatte, dämmerte ihr, was sie getan hatte. Einsicht und Scham überspülten sie in heißen Wellen. Sie hatte sich in eine der Mütter aus den »Mama«-Foren verwandelt! In eine unlustige, unerotische Spielverderberin, die hinter der Lebensfreude anderer moralischen Verfall witterte und es sich höchstpersönlich zur Aufgabe gemacht hatte, diesen umgehend einzudämmen.

So war sie doch eigentlich gar nicht! So dachte sie doch eigentlich gar nicht! Aber was hieß schon »eigentlich«? In Wirklichkeit, tatsächlich, von Haus aus, ursprünglich, genau genommen, grundsätzlich, sie googelte, noch während sie im Café saß. Wieder einmal war sie mit der Frage konfrontiert, die am Ende so vieler Überlegungen in diesen schweren Monaten stand. Konnte man sagen, dass man so und so »in Wirklichkeit« war und sich nach der Geburt eines Kindes in einer »Ausnahmesituation« befand, deren Ende sich mit Gewissheit einstellen würde? Dass es das eigene Selbst »grundsätzlich« in dieser oder jener Ausgestaltung gab und Abweichungen davon – lächerliche Ausreißer wie der, den sie sich gerade geleistet hatte – eben genau das waren: peinliche Verirrungen, die sich aus der Situation erklären ließen, aus der Totalveränderung ihres Fühlens ebenso wie ihres Tagesablaufes, die aber rein gar nichts mit dem zu tun hatten, was man »von Haus aus« war? Sie hatte das starke Gefühl, dass dem nicht so war. Dass sie sich nicht zurückziehen konnte auf irgendein bombensicheres Selbst, auf irgendein Ich, das ganz und gar Herr im eigenen Haus ist. Dass tatsächlich SIE es gewesen sein sollte, die der Nachbarin aus vollster Überzeugung diesen Brief geschrieben hatte, machte die Sache unheimlich und verstörend. Sie konnte sich nicht mehr auf sich selbst verlassen.

*

In Jena trifft man sich in der »Villa Medusa«, dem Wohn- und Arbeitshaus des im 19. Jahrhundert sehr bekannten Naturforschers Ernst Haeckel. Einige altbekannte Kolleginnen, ein paar neue Gesichter, in der Pause höfliche Nachfragen bei gleichzeitiger beiläufiger Erwähnung der eigenen Forschungsergebnisse, Gespräche über Forschungsanträge und gemeinsame Doktoranden. Auf den Seminartischen, die in den Vorraum geschoben worden waren, um ein kleines Buffet zu improvisieren, haben die studentischen Hilfskräfte die Hermann Bahlsen Collection auf kleinen Tellern verteilt: Deloba, Waffeletten, Butterblätter, Blätterbrezeln. Ohne Gleichen.

Wie es denn gehe, woran man denn gerade sitze, wozu man forsche. Ah, Babypause, wie schön. Herzlichen Glückwunsch. Ja, alles bestens, lügt sie. Aber es ist natürlich auch ganz wunderbar, einmal rauszukommen. Genau, der morgige Vortrag, und zu dem Sammelband trage sie selbstverständlich gerne bei, warum auch nicht. Toll, anerkennendes Nicken, kollegiales Lächeln.

Die studentischen Hilfskräfte stehen in Hörweite und lächeln auch. Wieder einmal werden zwei junge Frauen in dem Irrglauben bestätigt, dass alles mit allem vereinbar sei. Dass die Geburt eines Kindes ein kleines, schönes Ereignis ist, das einer Frau ein paar Monate Auszeit ermöglicht (ein Spaziergangs-*sabbatical*, einen Rückbildungsurlaub), dass sich die Prioritäten vielleicht ein bisschen ändern, wie alle immer sagen (aber auch das nur zum Guten: Man schießt sich nicht mehr so oft mit Pfeffi ab, hört mit dem Rauchen auf, geht öfter joggen und findet insgesamt irgendwie mehr Sinn im Leben), aber dass man nicht mit größeren Störungen rechnen muss.

Der falsche Smalltalk, der so viel kaputtmacht.

Zwischen dem letzten Vortrag und dem gemeinsamen Abendessen bleibt noch Zeit für eine Besichtigung des Tagungsortes und des Arbeitszimmers von Ernst Haeckel, das weitgehend originalgetreu erhalten wurde. Haeckel – Mediziner, Zoologe und Naturphilosoph – widmete sich in der zweiten Hälfte des 19. Jahrhunderts mit besonderer Intensität der Verbreitung der Abstammungslehre, weshalb er auch als der »Deutsche Darwin« bezeichnet wurde. Zu seinem sechzigsten Geburtstag bekam Haeckel von dem bekannten Historienmaler Gabriel von Max, der Haeckels Interesse an evolutionstheoretischen Fragen teilte, ein Gemälde geschenkt, vor dem sich die Konferenzteilnehmerinnen nun versammeln. Das Bild trägt den Titel *Pithecanthropus Alalus* und zeigt zwei »Affenmenschen« (so nannte Haeckel die von ihm postulierte evolutionäre Übergangsform vom Menschenaffen zum Menschen): Links unten hockt im Vordergrund ein weiblicher »Affenmensch«, mit langen Haaren und einem Säugling an der Brust, dahinter steht, halb verdeckt und im Schatten, ein männlicher. Im Auge des weiblichen Affenmenschen – der Mutter – ist eine Träne zu erkennen, die lange als Träne der Rührung interpretiert wurde, erklärt der Kustos des Ernst-Haeckel-Archivs den Tagungsteilnehmern als Ausdruck einer urmütterlichen Gemütsbewegung, kurz: als Mutterliebe.

Sie blickt auf den Säugling. Die achtsame, liebevolle Hinwendung zum Kind und die durch die Träne symbolisierte mütterliche Ergriffenheit werden in dem Gemälde also als natürlich behauptet – und das Vorhandensein der Mutterliebe als evolutionärer Vorteil verstanden, der eine entscheidende Rolle in der Evolution einnehmen soll: Seine »Skizze«, als die Gabriel von Max gegenüber Ernst Haeckel sein Ölgemälde übertrieben bescheiden bezeichnete, zeige, wie sie dem Ausstellungstext entnimmt, »die Thräne im Auge der Mutter, denn ich glaube faßt [sic], daß Zuchtwahl und Kampf ums Dasein nicht genügten die Menschenpsyche zu erzeugen, es scheint mir vielmehr die Mutterliebe und Muttersorge eine wichtige Rolle dabei zu spielen«. Mutterliebe, heißt das übersetzt, setzt den *homo* vom Tier ab, war ein entscheidender Faktor für die Entstehung des Menschen und sichert den Fortbestand der Art.

Plötzlich werden große abstrakte Kategorien ganz konkret: Die gesellschaftlichen Verhältnisse und damit die Ideologie von Produktion und Reproduktion, das Patriarchat, all das blickt sie da von oben herab in Öl an. Wie Schuppen fällt es ihr von den Augen. Wieder begegnet ihr hier der alte Trick mit der Naturalisierung der Mutter und der Gefühle von Frauen. Die Natur sieht vor, dass du dein Kind liebst. Ohne Mutterliebe kein Menschsein!

Männer wie der esoterische Malerstar Gabriel von Max, der Mitglied in einer theosophischen Loge war, sich für Somnambulismus und Hypnotismus interessierte und zeitweilig mit einer Affenherde zusammenlebte, haben uns das eingebrockt, denkt sie und merkt, wie zornig sie das Bild anschaut.

*

Es gibt warme Milch, Croissants und Obstteller, im schattigen Teil des Gartens hat der Freund, den mit Kind zu besuchen sie in einer schwachen Minute eingewilligt hat, ein weiches Lager aus Decken errichtet, in dessen Mitte ihr Sohn ruhig und zufrieden thront. Ein Wetterumschwung ein paar Tage nach ihrer Rückkehr nach Berlin hat ganz plötzlich den Frühsommer gebracht, und im zwitschernden Kirschblütensonnenschein, der Kinderwagenfellsack und Winteroverall überflüssig macht, ist es ihr tatsächlich möglich erschienen, mit dem Bus zum Ostkreuz zu fahren und von dort mit der Regionalbahn den Weg bis Grünheide zurückzulegen. Der Freund bewohnt mit seiner Partnerin ein großes Haus an der Neuen Löcknitz, inklusive Gästezimmer, das bereits vor ihrer Ankunft in ein dämmriges Mittagsschlafzimmer für den Kleinen verwandelt worden ist. Die Unwägbarkeiten halten sich also in Grenzen (und sollte es doch nicht gehen, könnte der Vater des Kindes sie mit dem Auto vom Ostbahnhof abholen, den sie ohne Umsteigen in zwanzig Minuten erreicht).

Der Freund ist Literaturwissenschaftler und forscht zur Kulturgeschichte der Natur. Als er von der Arbeit an seinem neuen Buch erzählt – es soll die Geschichte der Dinosaurier im 19. Jahrhundert behandeln –, beginnt sie zu ahnen, dass es sich bei dem Gemälde von Gabriel von Max nicht um den einmaligen Versuch handelte, Mutterliebe im Kontext der Popularisierung der Darwin'schen Evolutionstheorie als etwas der Frau Angeborenes zu behaupten (und damit den drohenden Ausbruch der bürgerlichen Frau als widernatürlich zu brandmarken), sondern dass die Sache Teil einer wesentlich größeren Geschichte ist.

Fossilienfunde lieferten bis weit ins 19. Jahrhundert hinein nur sehr begrenzte Informationen über die urzeitlichen Lebewesen, erzählt der Freund, was sie zu einer hervorragenden Projektionsfläche für die moderne Gesellschaft machte. Über Dinosaurier wurden seit dem 19. Jahrhundert – und daran hat sich bis heute nichts geändert – alle möglichen Erzählungen entworfen, die erklären sollten, woher wir kommen und welche Verhaltensweisen das Zusammenleben komplexer Lebewesen bereits vor Millionen von Jahren prägten. »*Fun fact*«, sagt der Freund am Ende seiner Ausführungen, die ihn weit ins 20. Jahrhundert geführt haben, zu *Jurassic Park* und zu diversen Königen der schrecklichen Echsen auf Kinderpullovern, und grinst sie an, »weil du ja jetzt Mutter bist: Kennst du *Maiasaura*, die ›Gute-Mutter-Echse‹? Den Dino, der auf Bildern oder in den Dioramen im Naturkundemuseum immer neben einem Nest aus Eiern hockt und die gerade geschlüpften Jungen fürsorglich liebkost und sie gegen drohende Feinde verteidigt?«

Ja, gehört habe sie schon davon, aber Näheres wüsste sie nicht. Er solle doch bitte erzählen.

Die »Gute-Mutter-Echse«, führt der Freund also aus, sei erst 1979 in die Welt gekommen: Der in Princeton tätige Geologe John

R. Horner berichtete damals in der Zeitschrift *Nature* unter dem Titel *Nest of juveniles provides evidence of family structure among dinosaurs* von einem Fossilienfund von fünfzehn Baby-Hadrosauriern, die über eine längere Zeitspanne offenbar in einem Nest zusammengeblieben und gemeinsam ernährt worden waren. Daraus schloss Horner, dass irgendeine Form von »erweiterter elterlicher Fürsorge« stattgefunden haben musste, die auch die Bereitstellung von Nahrung beinhaltete. Dinosaurierbabys dieser Größe wären angesichts der vielen Fressfeinde kaum je ins Nest zurückgekehrt, hätten sie sich alleine, »ohne elterliche Aufsicht«, auf Nahrungssuche begeben müssen. Zwar musste Horner eingestehen, dass er anhand der Fossilienfunde die jungen Dinosaurier nicht eindeutig einer Spezies zuordnen konnte; die Charakteristik ihrer Schädelknochen legte in seinen Augen allerdings eine Ähnlichkeit mit dem großen Schädelknochen nahe, der rund hundert Meter außerhalb des Nestes gefunden worden war. Dieser große Schädelknochen wiederum repräsentierte eine neue Gattung, die Horner auf den Namen *Maiasaura* taufte.

Sie horcht auf. Ein Schelm, wer Böses dabei denkt, dass ausgerechnet in den späten 1970er Jahren die Mutterliebe als entscheidende Qualität bereits bei den großen Urzeittieren entdeckt wurde. In der Zeit der zweiten Frauenbewegung, die die gesellschaftliche Reduktion von Frauen auf ihre Mutterrolle anprangerte und die damit einhergehende Bindung der Frau an Heim und Herd kritisierte. Die Erfindung der *Maiasaura* als Teil des reaktionären Backlashs, der auf die Frauenbewegung folgte?

Und tatsächlich. Nur ein paar Jahrzehnte zuvor – und das sei doch die eigentliche Pointe der Geschichte, meint der Freund – war bereits eine ganz ähnliche fossile Anordnung gefunden worden: Eier bzw. gerade geschlüpfte Babydinosaurier und, wenige Meter davon entfernt, das Skelett eines erwachsenen Sauriers. Damals war dieser Dinosaurier noch als Eierdieb identifiziert worden, der im Nest nicht seinen geliebten Nachwuchs, sondern seine Beute gefunden hatte und dementsprechend auf den Namen *Oviraptor* getauft worden war. Es hatte also nur weniger Jahre und ein paar Millionen aufmüpfiger Frauen bedurft, die vehement für ein Leben abseits der Mutterschaft eintraten (oder zumindest für ein Verständnis von Mutterschaft, das nicht mit kompletter Aufopferung und Selbstaufgabe einherging), um den Eierdieb zur liebevollen Mutter umzudeuten. Offenbar erforderte es die gesellschaftliche Situation, dem Märchen von der biologisch eingeschriebenen Mutterliebe wieder mehr Rückenwind zu verleihen. Und was eignete sich dafür besser als Dinosaurier, die spätestens nach *Jurassic Park* diese *message* direkt in alle Kinderzimmer trugen.

*

Als sie im Regionalzug zurück nach Berlin sitzt, ist das Baby ganz still und ohne ihr Zutun eingeschlafen, und sie ist glücklich. Zum ersten Mal seit ... Ewigkeiten. Aber sie hütet sich davor, den Gedanken auch nur zuzulassen, dass dieser Tag eine neue, ruhige Normalität anzeigen könnte, dass sie ein Kind *und* ein Leben haben könnte und dass diese beiden Dinge vielleicht nicht einmal notwendigerweise getrennt sein müssten: dass sie ein Leben *mit* Kind haben könnte.

Gleich am nächsten Tag versucht sie, angeregt durch die *Maiasaura*-Erzählung des Freundes, etwas über die Geschichte der Mutterliebe herauszufinden, und stößt dabei auf den Namen Elisabeth Badinters. Schon die Lektüre einiger Rezensionen und des Klappentexts eines der Hauptwerke der in Paris lehrenden Philosophin – *Die Mutterliebe. Die Geschichte eines Gefühls vom 17. Jahrhundert bis heute* – macht ihr klar, dass die Kampagne des Darwinisten Gabriel von Max, der Mutterliebe just in dem historischen Moment als evolutionären Evolutionsfaktor verstanden wissen wollte, als sich das Bild der modernen Frau um 1900 zu konkretisieren begann, ebenso wie die Karriere der *Maiasaura*, die erst als Reaktion auf die zweite Frauenbewegung verständlich wird, bereits recht späte Episoden in der Geschichte der Mutterliebe sind, die bis in die Frühmoderne zurückreicht. Aber eine wesentliche Konstellation tritt in diesen beiden Beispielen ganz deutlich hervor: Die Mutterliebe als großes, natürliches Gefühl wird immer dann aus dem Hut gezaubert, wenn Frauen drohen selbständig zu werden, sich zu emanzipieren und Mutterschaft als ihre alleinige Bestimmung in Frage zu stellen.

Bis zum Ende des 18. Jahrhunderts war Mutterliebe als Konzept so gut wie unbekannt, wie Badinter in ihrem 1980 erschienenen Buch ausführt. Sie verschlingt es, als wäre es der neueste Bestseller. Die Frauen der herrschenden Klassen versuchten zu jener Zeit gerade, sich *als Frau* zu definieren. Dafür war es allerdings notwendig, die »beiden Funktionen [zu] vergessen, die früher die Frau vollständig definierten: die Funktionen der Ehefrau und Mutter, die ihr nur in Beziehung auf eine andere Person eine Daseinsberechtigung gaben«. Privilegierte Frauen waren der Auffassung, Besseres zu tun zu haben, als ihre schönen Körper, ihren Witz und Esprit, ihre Stellung bei Hofe oder ihr geselliges Leben der Kindererziehung zu opfern und sich deren Widerlichkeiten auszusetzen. »Sprechen wir nicht von dem Ekel, den die Einzelheiten der Pflege, welche dieses Alter erfordert, hervorrufen können«, schrieb Georges-Luis Leclerc de Buffon, einer der bedeutendsten Naturforscher seiner Zeit, über das Kleinkindalter.

Sie muss lachen, als sie diese Zeilen liest, die so wahr sind und die trotzdem (deswegen?) heute so nicht mehr gesagt werden könnten. Die Anstrengungen der ersten Monate, ebenjener Ekel, den die Ausscheidungen eines noch so süßen Babys auslösen können und den auch sie empfindet, wenn ihre Bluse von der Schulter bis zum mittleren Rücken hinunter von einem Schwall Kotze durchfeuchtet wird (»Ist doch nur ein Milchbäuerchen!«, beruhigen die Mamis vom Nebentisch), ist mit einem Tabu belegt.

Nicht nur Stillen galt im 17. Jahrhundert als lächerlich und geradezu peinlich tierisch – man wollte sich insgesamt nicht mit seinen als unappetitlich und lästig empfundenen Kindern abgeben. Daher war es ganz üblich, so liest sie, Säuglinge wegzugeben und von Ammen auf dem Land aufziehen zu lassen. Dies galt nicht nur für die Frauen, die der gesellschaftlichen Elite angehörten, sondern auch für solche, die für ihren Lebensunterhalt arbeiten mussten und/oder in die Arbeit ihres Mannes miteinbezogen waren, etwa bei Bäckern, Metzgern oder Gemüsehändlern: Hätte sich die Mutter um das Kind gekümmert, hätte der Mann einen Arbeiter einstellen müssen – und es war billiger, ein Kind in Pflege zu geben, als einen weniger qualifizierten Arbeiter zu beschäftigen. Wirtschaftliche Gründe spielten also eine große, angesichts der allgemeinen gesellschaftlichen Geringschätzung von Kindern aber nicht die einzige und vielleicht nicht einmal die entscheidende Rolle.

Bereits einige Tage, manchmal sogar nur ein paar Stunden nach der Geburt wurden Kinder an Ammen oder »Vermittlerinnen« übergeben, die die Kinder aufs Land mitnahmen und dort in Pflege gaben. »Mal kommt es vor«, schrieb ein zeitgenössischer Autor, den Badinter zitiert, »daß eine Vermittlerin sechs Kinder auf einem kleinen Wägelchen mitnimmt, einschläft und nicht bemerkt, daß ein Baby herunterfällt und, von einem Rad überrollt, stirbt. Mal werden einem Gespannführer sieben Säuglinge anvertraut, von denen er einen verliert, ohne daß man in Erfahrung hätte bringen können, was aus ihm geworden ist. Ein andermal werden drei Neugeborene einer alten Frau anvertraut, die angibt, nicht zu wissen, zu wem sie sie bringen soll.«

Die Pflegemütter selbst – sollten die Säuglinge es überhaupt bis dorthin geschafft haben – stammten aus den einfachsten Kreisen, oft krank und vom Elend abgestumpft. Sie konnten nicht alle der ihnen anvertrauten Kinder stillen und gaben ihnen daher ein Gemisch aus Wasser und Brot, von dem die Säuglinge fürchterliche Krämpfe bekamen.

Die historischen Schilderungen lassen ihr den Atem stocken. Sie sind so schrecklich, dass sie sofort zu ihrem schlafenden Kind eilt, um es anzuschauen und sich zu vergewissern, dass es ihm gut geht. Oft ließen die Pflegemütter ganze Wochen verstreichen, liest sie weiter, ohne die Kleider der ihnen anvertrauten Säuglinge zu wechseln. Häufig puckten sie sie in grobe Leinentücher und hängten sie an Haken an der Wand, wenn sie den Großteil des Tages Feldarbeit leisten mussten. »Wie oft haben wir«, schrieb ein Arzt, der um 1770 in und um Lyon praktizierte, »wenn wir die Bänder der Kinder öffneten, entdecken müssen, daß sie über und über mit Exkrementen bedeckt waren, deren stinkende Ausdünstung hinreichend klarmachte, daß sie schon alt waren; die Haut dieser Unglücklichen war ganz entzündet. Sie waren von Schmutzgeschwüren übersät. Ihr Stöhnen, das wir bei unserer Ankunft vernahmen, hätte auch das grausamste Herz erweicht; man wird sich ein Bild von ihren Qualen machen, wenn man hört, daß sie sofort Erleichterung spürten, wenn man ihre Bänder löste und sie frei waren [...]«

Im letzten Drittel des 18. Jahrhunderts vollzog sich, folgt man Badinter, nicht weniger als eine »Revolution der Einstellungen«. In einer Flut von Publikationen wurde Frauen nahegelegt, ihre Kinder bei sich zu behalten und zu stillen. Die Gleichgültigkeit, die die Beziehung von Müttern zu ihren Kindern die vergangenen zwei Jahrhunderte strukturell geprägt hatte, wurde abgelöst durch die Idee der Mutterliebe, die um 1800 tatsächlich »wie ein neuer Begriff« wirkte. Zwar wusste man, dass es ein solches Gefühl schon länger gegeben hat (wenn auch nicht immer und überall); das Neue »ist jedoch, daß man die Mutterliebe als einen zugleich natürlichen und auch gesellschaftlichen Wert verherrlicht, der sowohl der menschlichen Gattung als auch der Gesellschaft förderlich sei«. Vor dem Hintergrund massiver politischer, ökonomischer und gesellschaftlicher Umwälzungen, die mit dem Beginn der Moderne und dem Anbruch des bürgerlichen Zeitalters mit seinem neuen Verständnis des (wertvollen) Staatsbürgers verbunden war, wurde die Frau dazu verpflichtet, diese zukünftigen Staatsbürger zu gebären, zu pflegen und selbst großzuziehen, »und es entsteht ein Mythos, der auch zweihundert Jahre später noch immer sehr lebendig ist: der Mythos vom Mutterinstinkt oder von der spontanen Liebe einer jeden Mutter zu ihrem Kind«, ein Mythos, der konsequent moralisiert wurde: Sein Kind nicht selbst stillen zu wollen galt nun als unmoralisch, ebenso wie die Praxis, das Kind anderswo in Pflege zu geben. Das neue Mutterideal beruhte auf Hingabe und Opferbereitschaft.

Die Lektüre von Badinters Buch macht ihr klar, dass historisch alles seinen Preis hatte. Die Entfaltung der Frau setzte zunächst die Geringschätzung von Kind und Mutterschaft voraus – Emanzipation bedeutete nicht zuletzt Emanzipation von der (weiblichen) Natur. Dieser Vorgang hatte erhebliche Konsequenzen für das Kind: grauenhafte Vernachlässigung und ein generelles gesellschaftliches Desinteresse, das mit exorbitant hoher Kindersterblichkeit verbunden war. Die Erfindung der Mutterliebe als natürlichem Gefühl um 1800 ging zwar mit einem Rückgang der Kindersterblichkeit und einer Verbesserung der Lebensbedingungen der Kinder einher. Sie hatte allerdings auch zur Folge, dass sich die Frau in die bürgerliche Kleinfamilie einfügen musste. Die damit verbundene Begrenzung ihrer Einflusssphäre auf den dazugehörigen Haushalt bereitete der weiblichen Emanzipation ein jähes Ende. Erst durch die zweite Frauenbewegung in den 1960er Jahren wurde sie fortgesetzt. Auch der Vater trat in den Hintergrund, denn die Liebe zum Kind wurde mit Anbruch der Moderne ausschließlich als natürliches Gefühl der Mutter markiert.

Die Nachwirkungen dieser Entwicklung, überlegt sie, sind noch heute zu spüren. Während die zweite Frauenbewegung doch einigermaßen gründlich dafür gesorgt hat, dass Frauen heute mit einiger Selbstverständlichkeit nicht mehr auf ihre Mutterrolle reduziert werden (auch wenn *gender pay gap* und *gender Elternzeit gap* die Grenzen der Gleichberechtigung in aller Deutlichkeit aufzeigen), beginnen Männer, so scheint es, erst in der allerjüngsten Vergangenheit ihre Stellung im Abseits der Kinderliebe zu thematisieren bzw. zu bekämpfen. Eine Reflexion der Vaterrolle in unserer Gesellschaft ist tatsächlich dringend angezeigt, denkt sie, *Die Erfindung der Vaterliebe* wäre noch zu verfassen.

*

Als sie das Buch zuklappt, hat sie verstanden, wie sehr die Geschichte der Mutterliebe auch eine Geschichte der Gegenwart ist. Ihrer Gegenwart. Ihr wird klar, wie sehr sie selbst als »kranke Mutter« Teil und Ausdruck einer historischen Konstellation ist. Der Mangel an Mutterliebe, der bei ihr diagnostiziert wurde, ist nicht schlicht ein Problem, das es einfach »gibt«, ist keine unverrückbare Tatsache – genauso wenig, wie es Mutterliebe immer einfach gegeben hat. Was heute noch als das tiefste, von Mutter Natur persönlich dem Frauenkörper eingehauchte Gefühl gilt, kann sich schon morgen als das dümmste Dogma erweisen.

Aus Badinters Buch hat sie auch gelernt, dass Phasen, in denen die Mutterliebe als gesellschaftlicher und moralischer Wert hochgehalten wird, historisch in der Regel auch einen Verlust weiblicher Autonomie bedeutet haben. Es ist nicht besonders kompliziert, aus dieser historischen Erzählung Schlüsse auf die eigene Gegenwart zu ziehen, in der der »Mutterinstinkt« mitsamt der Mutterliebe wiederentdeckt und scheinbar streng wissenschaftlich neu beschrieben wird. Und es ist, weiß man erst einmal über den historischen Zusammenhang zwischen der Propagierung von Mutterliebe als »natürlich« und der Zurückdrängung weiblicher Emanzipationsbestrebungen Bescheid, kein Zufall, dass heute suggeriert wird, man könne eine gute (oder auch nur eine »normale«) Entwicklung des Kindes nur durch enorm zeitraubende Aktivitäten sicherstellen.

Schon während der Schwangerschaft wird werdenden Müttern nahegelegt, sich mehrere Stunden täglich nur auf sich und das Baby zu konzentrieren. Schwangerenyoga, Meditation, sanfte Geburtsvorbereitung und Massagen dienen dem »In-sich-Hineinhören«, der bewussten und achtsamen Einstimmung auf die neue Situation. In den ersten Wochen nach der Geburt muss ganz besonders auf das richtige »Bonding« geachtet werden, das durch stundenlanges Kuscheln während des mindestens acht Wochen dauernden Wochenbetts (dabei bitte nicht vergessen: »Wochenbett ist Bademantelzeit«!) am besten sichergestellt werden kann. Stillen nach Bedarf versteht sich von selbst, danach natürlich *Baby Led Weaning* (oder für die Rabenmütter: selbstgemachter Bio-Gemüsebrei) und windelfreie Sauberkeitserziehung.

Naturnähe ist dabei zu einem sozialen Distinktionsmerkmal geworden. Praktiken, die noch in den 1960er Jahren von Feministinnen als (technische) Errungenschaften gefeiert wurden, weil sie Frauen Unabhängigkeit verschaffen – vom Wunschkaiserschnitt über die PDA bis zum Verzicht aufs Stillen, von Fläschchen über fertige Breigläschen bis zu Wegwerfwindeln –, werden heute als unnatürlich verworfen, als schlecht für das Kind und für den Planeten, und damit moralisch verurteilt.

Das ist kein Zufall, denn die Mutterliebe feiert ihre Renaissance vor dem Hintergrund einer – vor allem ökologisch gewendeten – Kapitalismuskritik. Diese zielt allerdings nicht auf den Umsturz gesellschaftlicher Verhältnisse, sondern darauf, sich in der bestehenden schlechten Welt besser einzurichten, und zwar durch ein Zurück-zur-Natur, durch Innehalten und Achtsamkeit – durch eine Haltung, die selbst ideologisch geworden ist. Aber wie das immer so ist mit der Ideologie: Man merkt gar nicht, wie sehr man ihr unterworfen ist. Man denkt, es wäre alles freiwillig. Frauen bleiben also nach der Geburt des ersten Kindes acht Wochen im Bademantel und dann drei Jahre zu Hause (und dann gleich nochmal drei beim zweiten und dann für immer), weil es das Beste für das Kind ist. Weil die ökologisch orientierte, die auf Achtsamkeit und Bindung abzielende Begleitung des Kindes, bei der auch *self-care* nicht zu kurz kommen darf, eben unfassbar viel Zeit erfordert, die sie aber auch gerne aufbringen. Weil ein Kind so viel mehr Sinn gibt als die kräftezehrenden und prekären Arbeitsverhältnisse, in denen man sich seit so vielen Jahren aufreibt – und gegen die man durch das Zuhausebleiben auch gleich ein vermeintlich hochpolitisches Zeichen setzt.

Aber das Gegenteil ist ja auch nicht so richtig überzeugend, denkt sie. Ein paar Tage später trifft sie auf dem Geburtstagsfest einer Freundin eine französische Kollegin wieder. Eine Kollegin, mit der sie fünfzehn Jahre vorher rauschende Nächte in der Bar hinter der Volksbühne verbracht hat, in der gemeinsamen Erinnerung ist immer Sommer, alle rauchen, und irgendwann knutscht jede mit jedem. Jetzt haben sie beide Kinder, und die französische Kollegin ist schon vor Jahren zurück nach Paris gezogen. Es ist ein einziges ungläubiges Staunen, als sie sich übers Muttersein austauschen. In Frankreich sei es üblich, die Kinder mit vier Wochen in die *crèche*, die Krippe, zu geben, erzählt die Kollegin. Einen Monat nach der Entbindung gingen Frauen im Normalfall wieder arbeiten. Bereits in den Tagen vor der Eingewöhnung in die Krippe sei sie von den Erzieherinnen aufgefordert worden, über Frühstück, Mittag- und Abendessen des Kindes Buch zu führen, erzählt sie. Ein möglichst genauer Plan über die Aktivitäten des Kindes (Schlafen – Spielen – Essen) sei ebenso anzufertigen gewesen wie eine Dokumentation der eigenen Abstillbemühungen. Sie habe »eher so was Mosaikartiges« abgegeben, ein Schaubild, in dem die Aktivitäten des Kindes wabernd ineinander übergingen (dass sie das drei Wochen alte Kind noch stillte, verschwieg sie lieber, um nicht noch mehr Ärger zu bekommen). Die Skizze wurde überaus kritisch kommentiert: Sie müsse nun aber wirklich etwas konsequenter werden. Dass sie drei Wochen nach der Geburt noch keine konsequente Abnabelung vom Kind geschafft hätte, sei nicht in Ordnung. Geradezu unnatürlich.

Sie lachen, erleichtert, dass diese Anfangszeit vorbei ist, aber auch erschrocken darüber, wie sehr sie beide der gesellschaftlichen Natur unterworfen waren. Sich ihr unterworfen hatten.

Es gibt nicht keine Ideologie, spricht sie, wie vor vielen Monaten, auf dem Heimweg vom Geburtstag in ihr Handy, als wäre das etwas, was man notieren muss, um es nicht zu vergessen. Sie ist schon ein wenig betrunken vom Grünen Veltliner, den der Mann der Geburtstagsfreundin in rauen Mengen aufgetischt hat, aber sie merkt noch, dass sie da eine doppelte Verneinung produziert. Vielleicht umformulieren? Alles ist Ideologie, jedenfalls in Bezug auf Mutterschaft? Morgen wird sie es nochmal eleganter versuchen.

*

Die ökologische Mutter, die endlos kuschelt, endlos stillt und endlos wäscht (die Küche nach dem *Baby Led Weaning*, die Stoffwindeln, die GOTS-zertifizierten Baumwolle-Bioseide-Leggings, natürlich per Hand und mit Bio-Feinwaschmittel ohne Phosphate, Mikroplastik und gentechnisch
veränderte Enzyme), deren Kind immer
auch für eine bessere Welt erzogen wird und die
darüber gar nicht merkt (oder vielleicht merkt sie es auch, aber dann ist es schon zu spät), wie sehr sie sich verstrickt hat in diesen Seidengemischen,
verpuppt hat, daheim
eingepuckt ist in die oatmealfarbenen Tücher, die feinen,
wie ihr Kind, und die
sich dann gar nicht mehr bewegen kann (aber ihr gibt das keine Sicherheit, denn für sie muss nicht mehr die Enge der mütterlichen Bauchhöhle simuliert werden, sie war schon einmal frei und groß und erwachsen)
und die lange Bewerbungen schreibt für die besten Kinderläden der Stadt
mit Fotos der ganzen strahlenden Familie, mit kleinen Zeichnungen, angefertigt mit
Wachsmalstiften von
Stockmar,
ist nicht mehr oder weniger ideologisch, nicht besser und nicht schlechter als die, die wenige Tage nach der Geburt schon wieder produktiv sein soll –

nein: Will! Will! – weil doch Muttersein auch nicht alles
sein kann und
weil doch die Vereinbarkeit von Beruf und Familie gelebt werden
will –
aus politischen Gründen! – und weil sie
(abgesehen von den politischen Gründen)
den Kollegen
nicht noch länger mehr Arbeit bereiten will durch ihr ohnehin schon langes Fernbleiben vom Büro, obwohl
sie fertig ist, ausgebrannt und erschöpft,
die aber gelernt hat, dass die moderne Frau unter der »Doppelbelastung« zwar stöhnen darf, aber nicht
einknicken,
die moderne Frau, die ja alles 50/50 machen will mit dem
Partner
und die, egal was sie tut, das Gefühl hat, zu wenig Zeit mit dem Kind zu verbringen und zu wenig Zeit für ihren Job zu haben,
und die sich über sich selbst ärgert, weil es doch gar nicht
soooo
anstrengend sein kann, bei jedem Schritt auf die richtige *work-life-balance*
zu achten während der
rushhour des Lebens.

LICHTUNGEN

Das Schlafzimmer ist in schwaches, grünlich blaues Licht getaucht. Über die Zimmerwände schwimmen Fische und Oktopusse, in regelmäßigen Abständen zeigt sich ein Wassermann, der seinen Dreizack zwischen hohe grüne Algen schiebt.

Ihr Sohn schläft schon tief und fest. Sie knipst die Laterna Magica aus, die Unterwasserwelt verschwindet auf Knopfdruck. Auf leisen Sohlen tappt sie durchs Zimmer, die vier alten Dielen hinter der Türe, die quietschen, wenn man auf sie tritt, mit einem großen Schritt überwindend, dann den Fuß nach links drehen, denn die ein wenig breitere Diele, die mittig unter den Wickeltisch führt, darf nur auf der linken Seite betreten werden, sonst ächzt der ganze Boden, das Kind würde wach. Auswendig kennt sie die Schrittfolgen, als wäre sie ein Kind, das immer dasselbe Hüpfspiel spielt, Kreide auf Hinterhofbeton, Himmel und Hölle, nur in leise.

Sie stellt das kleine Nachtlicht auf das Tischchen am Bett, das Fläschchen daneben, legt die lange wollene Bettschlange um ihren Sohn, schüttelt die Decke noch einmal aus. Hundertfach vollzogene Handgriffe, eingeübte Routinen. Während sie ihr Kind betrachtet, suchend, fragend, fängt es an, sich langsam zu bewegen. Auf dem Rücken liegend, führt es seinen linken Arm über den Körper und dreht sich anschließend mit schlafschwerem Schwung auf die rechte Seite. Mit einem tiefen Seufzer richtet sich ihr Sohn in dieser Position ein, seine kleinen Fäuste schiebt er unter den Kopf, um ihn zu stützen.

Sie wird von unendlicher Rührung überfallen, als sie zu erkennen meint, dass es sich dabei nicht um einen Zufall handelt, sondern dass sich in dieser kleinen Bewegung die Individualität des Menschen zeigt, den sie auf die Welt gebracht hat. Dieser Mensch, ihr Kind, war bis zu diesem Moment, wie ihr scheint, von Büchern über frühkindliche Entwicklung, von Babyratgebern und den Erläuterungen im gelben Kinderuntersuchungsheft vollständig beschrieben. Schlafzeiten, Essverhalten, körperliche Entwicklung ihres Kindes, die – so hatte der Kinderarzt bei einer der Untersuchungen festgestellt – genau im Mittel deutscher Entwicklungsstatistiken lag, hatten ihren Sohn bis dahin für sie definiert. Mehr gab es nicht zu wissen. Ihr Kind machte seine Entwicklungsschübe in den Rhythmen, in denen das deutsche Normalbaby diese Schübe eben machen sollte, 50 % der Kinder waren schwerer als ihr Sohn, 50 % leichter, genau die Hälfte größer, die andere Hälfte kleiner – und sie selbst war, wenn man es genau betrachtete, eigentlich den ganzen Tag nur damit befasst, diese Normalverfassung zu stabilisieren. Nur ja keine Ausschläge nach oben oder unten oder rechts oder links riskieren, die durch Krankheit oder Mangelernährung, durch zu wenig frische Luft oder zu viel Stress verursacht werden könnten. Alles sollte im Rahmen bleiben, am besten haargenau auf dem Mittelwert. Die Angst vor Unvorhergesehenem, vor Neuem, vor allem, was sie nicht gänzlich unter Kontrolle hatte, brachte die Depression mit, sie nährte sie und trieb sie auf die Spitze und äußerte sich auch in diesem übermäßigen und irritierenden Begehren nach Normalität. (Heute weiß sie das, als sie mittendrin war, war sie nicht dazu in der Lage, irgendetwas einzuordnen.)

Und nun, an diesem nicht weiter bemerkenswerten Abend, zeigt dieses im besten Sinne »unauffällige Baby« (so stand es über ihren Sohn im gelben Untersuchungsheft) eine Eigenheit.

Es beginnt – ganz unvermittelt, wie ihr scheint, als ob es in dieser Minute angefangen hätte – Vorlieben zu entwickeln. Ihr Sohn hat, so meint sie, eine Entscheidung getroffen. Lieber so liegen als so. Lieber auf der Seite schlafen als auf dem Rücken.

Als ob ein Durchlass plötzlich aufgegangen wäre, gewaltsam aufgerissen, strömt die Liebe in ihren Körper. Alles passt rein, Unmengen an Liebe, all das, was bisher nicht hineingelangt ist, aber offenbar da war. So viel Liebe, sie kann unmöglich einfach in diesem Moment entstanden sein, aber wo war sie in den letzten schrecklichen Monaten? Wo soll dieser riesige Speicher gewesen sein?

Sie steht stumm vor dem Bett ihres Kindes, erfüllt von dieser Liebe und einem gleichzeitig einfahrenden, bislang unbekannten Schmerz, den die unbewusste kindliche Geste hervorruft. Zum allerersten Mal (sie erkennt es zum allerersten Mal) weist dieses Kind eine Differenz zu all den anderen Menschen auf. Diese Differenz aber lässt die anderen Menschen überhaupt erst in den Horizont ihres Denkens kommen; die Kita-Kinder, die späteren Mitschüler, Geliebte, Freunde und diejenigen, die ihm Böses wollten, es verletzen werden, zum Weinen bringen. An dieser Differenz wird für sie greifbar, dass dieses Kind einzig unter allen Menschen ist, keinem anderem gleicht. Das bedeutet aber auch: dass es alleine ist, wie eben der Mensch ganz grundsätzlich alleine ist – egal, wie sehr sie da ist und da sein wird für ihn, sich schützend vor ihn stellen, an seiner Seite sein, ihm den Rücken stärken wird.

Sie weint hemmungslos, und die Verzweiflung, die dieses Kind bedeutet hat, der Schmerz, dass es da war und sie damit nicht mehr frei und alleine, nicht mehr autonom und selbstbestimmt, schlägt plötzlich und heftig um in den Schmerz einer Liebe, die so groß ist, dass sie nach Luft ringt, die sie angreifbar und verletzlich macht in einem Ausmaß, das ihr bis dahin vollkommen unvorstellbar gewesen ist.

*

Sie hatte die Psychiaterin schon zu Beginn der Therapie gefragt, wie eine Besserung ihres Zustandes festzustellen sein würde. Wie ein Therapieerfolg, wie so etwas wie »Heilung« aussehen sollte, konnte sie sich nicht vorstellen. Würde sie irgendwann recht plötzlich zu sich kommen, sich die Augen reiben und ein bisschen blinzeln (wie die Schauspieler in den zauberhaft schlechten Fernsehmärchenfilmen am Sonntagvormittag, wenn sie blitzartig vom bösen Hexenfluch erlöst werden) und endlich gar keine Lust mehr haben auf die ungestörte Lektüre eines Romans oder einen Kinobesuch? (Dachten glückliche Frauen mit Kindern so? Wenn ja, dann wäre es schrecklich, dann wollte sie lieber nicht normal werden.) Würde sie – zwar weniger beängstigend, aber dennoch schwer zu glauben – eines Morgens aufwachen und ihr würde eine Nachtzugreise mit Kind zu den Großeltern nach Wien nicht mehr wie eine irre, im Grunde undenkbare Expedition vorkommen, sondern wie eine nette Abwechslung mit viel Gepäck?

Nein, es würde natürlich nicht schlagartig besser werden, prognostizierte die Psychiaterin, nicht den einen Moment geben, an dem die Medikamente wirkten und die Einsichten aus der Gesprächstherapie zu einer neuen Sicht der Dinge, zu völlig veränderten Lebenspraktiken führen würden. Zuerst würden die schlechten Tage weniger werden. Sie würde seltener im Badezimmer heulen. Sie würde immer noch das Gefühl haben, es sei nicht alles richtig, aber vielleicht immerhin zu schaffen. Und bald darauf seien die Dinge nicht mehr nur zu schaffen, sondern der Blick auf ihr Kind würde sich ändern, die Beziehung zu ihrem Sohn wachsen, die Liebe kommen, und das würde tatsächlich all die großen und kleinen Alltagsverrichtungen, die Pläne und Ideen verändern. Die Liebe würde vielem den Schrecken nehmen. Ab und zu würde sich ganz unverhofft ein wirklich sehr guter, lichter Tag einstellen, und dann noch einer und noch einer, und irgendwann würden die schlechten Tage weg sein.

Im Mai, zehn Monate nach der Geburt ihres Sohnes, gut fünf Monate nachdem sie angefangen hat, das Psychopharmakon zu nehmen, notiert sie:

Sie muss sich beeilen mit dem Schreiben,
jetzt muss es schnell gehen.
Nicht, weil das Vergessen droht, sondern weil die Liebe zu ihr hin
drängt und das Schreckliche
unsichtbar macht,
die Wut, die Ungeduld mit Zärtlichkeit und Fürsorge
auslöscht, die dünne Haut fester macht, elastisch.
Den Eindruck des ewig Gleichen
der lähmenden Abläufe vollkommen
verändert und ablöst durch
freudige Tage, jeder anders, wenn auch nur ein klein wenig.
Minimale Variationen, kleinste
Differenzen, die sie glücklich machen, die ihre
Nervosität in sichere Ruhe verwandeln
und sie nur eine ganz andere Geschichte erzählen ließen.

Sie ängstigt sich nicht mehr vor ihrem Kind. Langsam stellt sich das Gefühl ein, jede Situation im Griff zu haben. Hat sie sich monatelang nicht vorstellen können, wie sich ein noch so kleines Vorhaben mit Baby angesichts all der Unwägbarkeiten und potenziellen Störungen und Stresselemente realisieren ließe, sieht sie jetzt immer öfter die Probleme gar nicht mehr. Sie kennt ihren Sohn immer besser, weiß, wie es klingt, wenn er Hunger hat, wie sich seine Unzufriedenheit äußert, wenn er sich bewegen möchte, wie er Müdigkeit zeigt. Sie empfindet seine Bedürfnisse nicht mehr als Zumutung. Sein Weinen macht sie nicht mehr hart vor Anspannung. Sie möchte alles tun, damit es ihm besser geht, damit er aufhören kann und es ihm in seiner kleinen Welt an nichts mangelt.

Sie ist – daran zeigt sich neben diesen gefühlsmäßigen Verschiebungen für sie am allerdeutlichsten, dass die Dinge beweglich werden, sich zum Besseren ändern – in der Lage, pragmatisch zu agieren. Wenn ein bestimmter Plan nicht aufgeht, wenn es einfach nicht der richtige Tag für große Erledigungen ist, dann kann sie es sein lassen, dann muss sie deren Durchführung nicht erzwingen, sondern kann sie auf einen anderen Tag verschieben – und zwar ohne das Gefühl, gescheitert zu sein. Wenn ihr Sohn im Supermarkt anfängt zu brüllen, kann sie die unwichtigen Posten von der Einkaufsliste streichen, zahlt nur schnell Milch, Brot und Äpfel und verlässt dann das Geschäft. Sie muss nicht mehr gestresst nach Hause laufen, um erst dort, wenn das Kind schon völlig außer sich ist, ihre Beruhigungsrituale zu beginnen, sie kann sich ein ruhiges Fleckchen im Freien suchen und ihm dort gut zureden, das Wolfslied aus *Ronja Räubertochter* singen und ihm zu trinken geben.

Sie unternimmt gerne Kinderdinge mit dem Kind. Sie geht in den Zoo und zeigt ihrem Sohn die großen grauen Elefanten. Für eine Jahreskarte ist es noch zu früh. So gut, dass wöchentliche Besuche – ganz spontan mal ein Stündchen vorm Robbenpool verbringen und dann wieder nach Hause – problemlos möglich sind, geht es ihr noch nicht. Aber immerhin ab und zu.

Die Entwicklung ihres Sohnes scheint eine wichtige Rolle in ihrem Heilungsprozess zu spielen, und diese wiederum spielt mit dem Lauf der Jahreszeiten glücklich zusammen. Der Zeitpunkt im Frühling, zu dem das Kind alleine sitzen kann, hat bereits eine Zäsur markiert: Sie muss nicht mehr viele Stunden pro Tag spazierend unterwegs sein, das Baby in der Trage um den Bauch gebunden, die Rückenschmerzen in den ganzen Körper ausstrahlend, sondern kann mit ihrem Sohn auf Spielplätze gehen, ihn mit einer kleinen Schaufel in eine Sandkiste setzen und selbst die Sonnenruhe genießen. Sobald er auf dem kleinen Mauervorsprung im Fahrradraum sitzen kann, muss sie sich nicht länger, alle Hände voll, überlegen, wie und wo (überall Schneematsch!) sie das Kind für wenige Sekunden auf den Boden legen kann, wenn sie ohne Trage unterwegs ist und beide Hände braucht, um den Kinderwagen auszuklappen. So viele Situationen, die ihr täglich Kopfzerbrechen bedeutet haben, die manchmal so groß und bedrohlich waren, dass sie sich schon in der Früh beim Aufwachen vor ihnen gefürchtet hat, gibt es gar nicht mehr.

*

Nach elf Monaten kehrt sie zurück in ihre kleine alte Wohnung im Prenzlauer Berg, in der sie die ersten Monate mit dem Neugeborenen verbracht hat und die der Vater des Kindes seitdem als Arbeitswohnung genutzt hat. Ihre Elternzeit ist letzte Woche zu Ende gegangen, und nun ist sie also nach fast einem Jahr zum ersten Mal im alten Viertel, ihre Gefühle wild und widersprüchlich. Sie glüht vor Freude, alleine auf dem Fahrrad durch die vertrauten Straßen zu fahren, am Yogastudio vorbei, am Café – »Haaaaaaaallo, ewig nicht gesehen, alles o. k. bei dir? –, sich gleich an den Schreibtisch setzen zu können und die Seminare für das Wintersemester vorzubereiten; aber sie fühlt sich auch alleine. Nach einem Jahr

Stillen und Tragen und Wiegen und Schieben, nach einem Jahr, in dem sie so oft nur wegwollte, für sich sein, zurück in ihrem alten, unwiederbringlich verlorenen Leben, ist sie zu weit entfernt von ihrem Sohn.

In ihrer Mittagspause überquert sie den kleinen staubigen Platz, an dem sie damals, am Beginn der dunklen Zeit, ihr Portemonnaie verloren hat. Sie kann sich noch genau erinnern: Das Baby begann auf einem der frühen Spaziergänge zu schreien, schnell, schnell in eine stillere Straße, es schrie und schrie, auf einen unebenen Untergrund mit dem Kinderwagen, schnell!, das Baby schrie. Sie geriet in Panik (es war kurz vor acht Uhr morgens, schon wieder so ein Tag, der ein einziger verzweifelter Kampf sein würde), wühlte mit kalten, steifen Fingern in ihrer Tasche nach dem Schnuller, kopflos. Dabei fiel das Portemonnaie unbemerkt heraus. Ein ehrlicher Finder gab es zum Glück wenig später beim nahen Friseur ab, dessen Visitenkarte zwischen Kreditkarte und Personalausweis steckte. Doch der dunkelblaue Schnuller mit dem braungelben Bären, den sie offenbar auch verloren hatte, lag noch wochenlang im Dreck, ebenso wie das schon bald durchnässte und zerfetzte Bild der heiligen Rosalia, das sie zwei Jahre zuvor in der Kathedrale von Palermo gekauft hatte.

Als sie an diesem Sommermittag an der Stelle vorbeikommt, schielt sie ganz unauffällig nach rechts (sie möchte sich selbst weismachen, dass es nur ein kleiner, eigentlich desinteressierter Seitenblick ist), um zu sehen, ob die Gegenstände vielleicht immer noch unter dem Holunderbusch liegen, der am Zaun zum Fußballplatz wächst. Natürlich sind sie längst beseitigt worden, aber für sie sind sie dennoch sichtbar, und als sie ihren Blick wieder hebt, da sieht sie sich selbst, durchsichtig, rauchend im Hauseingang neben dem Töpferladen, sie sieht sich im Regen den Kinderwagen Richtung Mauerpark schieben. Und als sie dann im Drogeriemarkt einen Cappuccino bezahlt und das harte, glatte Material des Mehrwegbechers umfasst, im Geschäft der gleiche Geruch nach künstlichen Pfingstrosen wie damals vor einem Jahr, dieselbe Verkäuferin mit derselben Frisur, und schon wieder – noch immer? – läuft *Red Red Wine* von UB40 über die Lautsprecher, ergreift sie für einen kurzen Moment der Schwindel. Turner sprechen von *twisties*, wenn ihnen mit einem Mal die Orientierung abhandenkommt, wenn sie einfachste Schrauben nicht mehr ausführen können, weil sie plötzlich kein Gefühl mehr dafür haben, wo im Raum sie sich befinden. Als hätte sie einen temporalen *twisty*, ist ihr für den Bruchteil einer Sekunde nicht mehr klar, *an welchem Zeitpunkt* sie sich befindet. Die Panik steigt auf, die Gerüche, die Musik, die haptischen Sensationen lassen sie für einen Moment fühlen, sie wäre noch dort, in den dunklen Monaten, im endlosen Schrecken. Und dann ist es, als ob ein Schleier zerreißt, vorbei. Ist es Vergangenheit. Fast kann sie die Geschichtlichkeit der Ereignisse, kann sie das *Damals* körperlich spüren. Es war einmal.

Die Gespenster, sie lauern noch eine ganze Weile an einigen speziellen Orten. Die Spuren vergangener Schrecknisse meint sie hier und da noch erkennen zu können, aber auch sie bleichen mit der Zeit aus, sie werden lichter, bis sie eines Tages ganz verwunden sind und sich nur noch eine leichte Gänsehaut auf ihren Unterarmen einstellt, wenn sie diese Orte passiert.

*

Ein knappes Jahr nach der Geburt ihres Sohnes ist sie gänzlich symptomfrei. Aber richtig zu Ende ist die Geschichte erst am 16. Februar, da ist das Kind fast neunzehn Monate alt. Das Datum markiert den letzten Eintrag in ihren Notizen, in ihren virtuellen und analogen Schreibheften.

Der Vater des Kindes hat sich auf das Schlafsofa im Wohnzimmer zurückgezogen, um eine Nacht ohne Rumoren, ohne Rufe nach Wasser oder Schnuller zu verbringen, sie ist bei ihrem Sohn. Der Kleine schläft gewöhnlich in seinem Bettchen ein, aber wenn er gegen drei oder halb vier Uhr früh unruhig wird, nehmen sie ihn zu sich ins Bett. Aber aus Gründen, über die sie keine Auskunft geben kann, hebt sie ihn an diesem Tag gleich zu sich herüber. Im Hinterkopf flüstern zwar immer noch die Stimmen, die ihr weismachen wollen, dass das Kind niemals in seinem eigenen Bett schlafen wird, wenn es sich einmal ans Elternbett gewöhnt hat, nie, nie mehr wieder, raunen sie, wirst du alleine schlafen können. Aber sie hat längst die Kraft, sie zu ignorieren. Sie möchte ihm einfach nahe sein. Sie deckt ihn zu, knipst das Nachtlicht aus und legt sich hinter ihn, Bauch an Rücken. In dieser Nacht schläft ihr Sohn durch. Er wacht nicht auf, um seinen Schnuller zu suchen oder um zu trinken, er weint nicht. Auch sie selbst schläft neun Stunden tief und fest, das warme Kind an sie geschmiegt.

In der Früh fragt der Vater des Kindes, wie denn die Nacht gewesen sei. Es ist ihre Routinefrage, wenn sie getrennt schlafen: Wie war die Nacht, aber heute bricht sie umstandslos in Tränen aus. Denn durch die Frage sieht sie sich gezwungen, explizit Auskunft zu geben über die letzten neun Stunden, die so viel mehr waren als nur irgendeine Nacht. Dass alles gut war, dass das Kind durchgeschlafen hat – das sind nicht die entscheidenden Informationen über die vergangenen Stunden. In dieser Nacht vom 16. auf den 17. Februar hat sie sich zum ersten Mal zugestehen können, die Nacht mit ihrem Kind zu verbringen, im selben Bett zu schlafen. Ohne ihren Wunsch nach Selbständigkeit und Autonomie gegen den Wunsch nach Verbundenheit zu ihrem Kind ausspielen zu müssen, ohne darauf hören zu müssen, was man zu tun und zu lassen hat, um als »normal« zu gelten, markiert diese Nacht den entscheidenden Wendepunkt in der Beziehung zu ihrem Sohn und zu sich selbst. Sie kann das Bedürfnis nach Nähe endlich zulassen. Obwohl ihr klar ist, dass sich in jenen nächtlichen Stunden keine magische Transformation ereignet hat, dass man Geschichten über blitzartig eintretende lebensverändernde Erkenntnisse, urplötzlich sich vollziehende Veränderungen gegenüber skeptisch sein muss (auch gegenüber jenen, die man sich selbst erzählt), ist sie überzeugt, dass sich der so schmerzhafte Spalt zwischen Frau und Mutter damals geschlossen hat.

Es ist vorbei.

*

Wie damals alles von der Verzweiflung grundiert war, die das Gefühl der Ausweglosigkeit in ihr wachsen ließ, ist es fortan das Glück, das sie wie ein Fundament unter ihren Verrichtungen spürt. Natürlich kennt sie die Tage, an denen das Kind mühsam ist, schlecht gelaunt und weinerlich, in denen es sich auf den Boden wirft und keinen – keinen einzigen! – Schritt mehr gehen will, an denen sie müde ist und gereizt; sie kennt die Wochen, in denen der Kleine krank ist, von einer Bronchitis praktisch ohne Umwege zur Mittelohrentzündung wechselt, er wochenlang nicht in den Kindergarten gehen kann und sein Vater und sie nur abwechselnd und unter größter Anstrengung arbeiten können; sie kennt die Müdigkeit und Ermattung, sie kennt den brennenden Wunsch, zwei Tage wegzufahren, weg von den Pflichten und den zerrenden, ziehenden Kinderhänden. Sie kennt die Situationen, die während der Depression fürchterliche Verzweiflung ausgelöst hätten, immer noch: Schlafenszeit. Das Nachtwimmelbuch ist angeschaut und *Henriette Bimmelbahn* vorgelesen und ja, gut, ausnahmsweise, auch noch das Laufradbuch, Licht aus, Licht an, Licht aus, doch noch einen Schluck Tee – Tee, Tee! Doch auf dem Bauch der Mutter einschlafen, nein, wieder runter, Hand so anfassen, nein, andersrum, Kopf nach links, nach rechts, Tee! Objektiver Schrecken, hätte sie früher gedacht und notiert, verlorene Abende, lähmende Warterei, bis das Kind endlich schläft, nicht einmal jetzt ein bisschen Zeit für sich selbst, wer kann das schön finden? Ja, es wird schön sein, sich gleich mit einem Buch in der Hand auf dem Sofa auszustrecken. Aber sie liegt auch gerne neben ihm, sie mag seine Wärme, sie mag es, wenn seine Hand die ihre sucht und sich ihre Finger verhaken. Sie singt gerne für ihn und hört gerne zu, wenn das viele, das er tagsüber wieder gelernt hat, langsam einzusickern scheint, sich seine Aufregung legt und seine Atemzüge ruhiger werden und auch von ihr der Stress des Tages abfällt während dieses Übergangsritus. Das hat sie sich gewünscht.

Ungeachtet aller Anstrengungen, aller Sorgen und Entbehrungen empfindet sie das Leben mit Kind, das sie erst kennenlernen musste, das zu lieben ein so langer und schmerzhafter Prozess für sie war, als ein Fest. Jeder Tag ist neu. Die Existenz ihres Sohnes verleiht allem ein Strahlen, und sie kann sich jetzt, wo sie die dunkle Zeit endlich hinter sich gelassen hat, keine Enttäuschung vorstellen, die das Dasein dieses Kindes nicht mildern, keinen Tag, den es nicht irgendwie zum Glänzen bringen würde.

EPILOG: LESEN

Die Sätze gehen ihr aus, sie hat nichts mehr zu schreiben. Einzelne Notizen – verstreute Einträge aus dem zweiten Lebensjahr ihres Sohnes – ragen noch wie verlorene Fäden aus dem Gewebe des Textes, weniger Einladung zum Weiterweben denn Aufforderung zum Abschneiden. Indiz dafür, dass die Erzählung abgeschlossen ist.

*

Sich selbst lesen.

Die Augen gleiten von links nach rechts und wieder nach links, ein Stückchen weiter unten, die Seiten fliegen, eine legt sich auf die nächste, umblättern, immer weiterlesen, diese Geschichte, die ihre eigene sein soll.

Wer ist diese Frau, die da schreibt? Sie kann sich nicht hineinversetzen in die Lage derjenigen, die da geschrieben hat, die Sichtweisen und Handlungen nicht nachvollziehen. (Schon die Annahme, dass *Hineinversetzen* der erforderliche Vorgang sei, ist doch merkwürdig: Wäre nicht *Erinnerung* eher angebracht? Wenn sie nur sicher sein könnte, dass es sich um sie selbst handelt!)

Sie steht sich selbst fremd gegenüber. Die Konjugation des Wortes *sein*: Bin ich diese Frau, die ich da lese? Wer bist du, die da geschrieben hat? Ist diese Frau ich? Die Einsicht in die Nichtidentität macht sich als Schock bemerkbar. *Le je n'est pas le moi.*

Sie legt den Text beiseite, Lesepause. Noch einmal von vorne, konkret werden. Sich erinnern oder sich hineinversetzen in die Autorin dieser Seiten. Was war so schlimm daran gewesen, einige wenige Stationen mit der Straßenbahn zu fahren? Was wäre denn dabei gewesen, wenn das Baby angefangen hätte zu schreien? Sie hätte sich doch einfach die Trage umbinden können und so weitermachen können? Warum nochmal hatten ihre Freundin und sie diese ewigen Spaziergänge unternehmen müssen, manchmal fünf Stunden am Tag? Was genau war der Grund gewesen, der sie daran gehindert hatte, sich zu Hause oder in einem Café zu treffen? Und warum hatte sie nicht sehen können, dass viele der Anstrengungen der ersten Monate auch hausgemacht waren? Dass sie viele schlaflose Stunden, Milchstaus und Brustentzündungen hätte vermeiden können, wenn sie mit dem Baby in einem Bett geschlafen hätte oder es zumindest nahe bei sich gehabt hätte. Wie hatte die Furcht vor der ästhetischen Kapitulation, die eine Matratze auf dem Wohnzimmerboden für sie bedeutet hatte, nur das Bedürfnis nach Nähe zu diesem Kind in den Schatten stellen können?

Sie kann keine dieser Fragen beantworten. Unzugänglich ist ihr die damalige Zeit. Aber selbst wenn sie hinnimmt, dass ihre Gefühle, ihre Ängste und Sorgen nach der Geburt ihres Kindes eben genau so beschaffen waren wie in ihrer Erzählung festgehalten – wie ist es zu erklären, dass sie nicht hatte sehen können, dass diese schwierige Anfangszeit mit absoluter Sicherheit vorbeigehen würde? Dass es sich um nur wenige Monate gehandelt hatte, die Anstrengungen aller Art, Schlaflosigkeit und extreme körperliche Ermüdung mit sich brachten? Anders als ihre Freundin, die davon ausgegangen war, aufgrund der seltenen Erkrankung ihrer Tochter ein Leben lang an ihr Kind gefesselt zu sein, hätte sie doch wissen müssen, dass ihr Sohn – wie all die anderen Einjährigen, die jeden Morgen um kurz vor neun von ihren Eltern in die umliegenden Kitas gebracht wurden, wie all die Zweijährigen, die an den Nachmittagen wild schreiend mit ihren Freunden durch den Park rannten und rollerten – in wenigen Monaten »groß« sein würde? Wie hatte sie glauben können, von nun an ewig spazieren gehen, ewig stillen und ewig Einschlafzauber machen zu müssen? Ewig Rückenschmerzen zu haben, ewig müde zu sein? Nie mehr schreiben zu können, nie mehr arbeiten, nie mehr ausgehen? Wie hatte sich die Idee eines ausweglosen, mythischen Kreislaufs, in dem sie sich gefangen wähnte, nur festsetzen können? Wie hatte sie die Realität nur so ignorieren können und dabei überzeugt sein, einen gänzlich unverklärten, wahrhaft objektiven Blick auf die Welt zu werfen?

Die Lektüre ist verstörend, nicht nur, weil sie das Ich brüchig macht, das ihr hier in der dritten Person gegenübersteht, sondern auch, weil sie auf keinen Fall diejenige sein möchte, die ihr da als Protagonistin der Geschichte, die ihre eigene sein soll, entgegentritt. Sie kann sie auch nicht als ein historisches Ich verstehen, als ein von Krankheit gezeichnetes Ich – von einer Krankheit, die sich doch gerade durch eine massive Veränderung der Weltwahrnehmung auszeichnet; die die Dinge dunkler macht und trauriger; die die Person, die an ihr leidet, kälter macht und härter und durchscheinender und verletzlicher zugleich, nur eben immer alles in den falschen Momenten.

Grund für die Ablehnung der Vorstellung, dass jenes Sie ein Ich sein soll, ist vor allem Scham. Sie schämt sich so unendlich, dass sie ihren Sohn nicht von Anfang an gänzlich und aufrichtig hatte lieben können – dieses wunderbare, strahlende Kind. Schämt sich, dass sie solche Angst vor ihm hatte. Solche Angst vor seinem Schreien, solche Angst vorm Nichteinschlafen, dass ihm gar nichts anderes übriggeblieben war, als zu schreien und schlecht einzuschlafen. Solche Angst, dass ihr Leben vorbei sein würde und er Schuld daran hätte.

Wie sie ihn jetzt liebt. Wenn er viel zu früh aufwacht und er ganz nah an ihr Gesicht herankommt, damit sie sieht, wie er um halb sechs Uhr morgens lacht. Wenn er ihr entgegenrennt – Mammiiiiii –, sobald sich nachmittags die Kita-Tür öffnet; ich bin abgeholt!!! Wenn sie gemeinsam die Wohnung aufräumen und Wäsche aufhängen, ein Buch anschauen, das Flusspferd im Zoo besuchen. Wenn er mit seinem Vater ganz geschäftig Kekse bäckt. Wenn er schläft und wenn er wacht, wenn er fröhlich ist und traurig. Sie liebt dieses Kind immer und sie liebt es so sehr, dass sie viele Monate nach dem Ende der Depression noch einmal die Psychiaterin um Rat fragen muss. Diese Liebe verschlägt ihr manchmal den Atem: als hätte sie jemand hart in den Bauch geboxt. Dann muss sie um Luft ringen und hat Angst, diese unendlich große Liebe einfach nicht aushalten zu können. Wie soll sie damit leben? Wie umgehen mit der Tatsache, dass Menschen plötzlich verunfallen oder schwer erkranken? Sie denkt an ihren Bruder, der als kleines Kind zwei Mal Krebs hatte, an ihre Eltern, die grau waren vor Sorge und Angst, an die Nächte auf der Kinderkrebsstation, es war viel zu heiß und immer piepsten die Maschinen und immer – auch nachts – kamen die Schwestern ins Zimmer, um alle paar Stunden die Infusion zu wechseln oder einen neuen Venflon zu legen. »Ich will lieber sterben, als nochmal von denen gestochen zu werden«, weinte der Fünfjährige verzweifelt, alle Venen schon blau zerstochen, an den Händen, in der Armbeuge, am Kopf. Wie hatte ihr Bruder, wie hatten aber auch ihre Eltern das nur ausgehalten? Wie hatten sie danach weitergemacht, ohne sich zu fürchten vor jedem neuen Tag, der alles – auch die Entdeckung eines Knotens, eine neue Diagnose – mit sich bringen konnte? Wie soll sie mit dem Gedanken leben, dass das nach ihrem Bruder auch ihrem Sohn passieren kann, und noch so viele andere, kleinere und viel weniger bedrohliche Dinge auch?

Sie hat das Gefühl, dass das Pendel ihrer Liebe gewissermaßen zu weit ausschlägt, erzählt sie der Psychiaterin, dass der Mangel an Gefühl während der ersten Monate nun einem Übermaß gewichen ist. Dass sie manchmal ihre Arbeit abbrechen muss, obwohl noch einiges zu tun wäre, und nach Hause fahren, weil sie ihren Sohn so vermisst. Als sein Vater einmal mit ihm für eine Woche zu seinen Eltern nach Süddeutschland fährt, kann sie es in dem gewohnten Bett, in dem das Kind sonst neben ihr liegt, nicht aushalten. Sein Fehlen bedrängt sie so sehr, dass sie ins Wohnzimmer ausweichen muss und die sieben Nächte auf dem Sofa verbringt. Die Zeit, die sie während dieser Woche – die erste Woche alleine seit zweieinhalb Jahren – für sich hat, genießt sie sehr. Sie schreibt und liest, wie es ihr passt, manchmal ab acht Uhr früh, manchmal die ganze Nacht, dazwischen schläft sie oder liegt in der Badewanne. Sie trifft ihre Freundin auf einen Nachmittagskaffee, sie können mit dem Reden nicht aufhören (die Freundin ist auch alleine, allerdings nur für das Wochenende) und landen in einer Bar, aus der sie um zwei Uhr nachts herausstolpern. Es ist wunderbar, aber wenn sie daran denkt, dass das ihr Leben wäre, wird ihr Angst und Bange. Wenn ihr Sohn einfach nicht da wäre (nicht ums Leben gekommen, einfach nicht da, ein Gedankenexperiment), spürt sie nur Leere. Der Gedanke, von dem die ersten Monate nach der Geburt bestimmt waren – nur weg von allem, entweder er oder ich –, bedeutet ihr nun das Schlimmste: ein Leben ohne ihr Kind. Die absolute Sinnlosigkeit. Alles hat sich ins Gegenteil verkehrt. Auch damit muss sie erst einmal klarkommen.

Sie ahnt, dass sie für ihr Kind, aber auch für sich selbst einen Weg finden muss, mit ihrer Liebe umzugehen – einen, der nicht lähmt und ängstigt. Und in der Tat bestätigt die Psychiaterin, dass auch diese Phase noch zu der Geschichte ihrer Krankheit gehört. Von Mutter und Kind werde nach einer Postpartalen Depression sehr häufig etwas »nachgeholt«, von jedem für sich, aber auch gemeinsam. Es entwickle sich dann eine große Nähe, die man auch zulassen solle. Schwelgen in diesem großen, schönen Gefühl, das sich zu Beginn nicht einstellen konnte. Und dann das Pendel beim Weiterschwingen beobachten. Beim Einpendeln.

*

Es gibt aber noch ein Andererseits.

So fremd ihr die Frau, die da erzählt, auch ist, so unverständlich und peinlich ihr deren Gedanken und Handlungen auch sind, so nachvollziehbar sind für sie Erschütterung, Angst und Trauer als Reaktionen auf die Geburt eines Kindes. Dass sie mittlerweile unendlich froh ist über ihr Kind, tut der Sache keinen Abbruch: Sein Eintreten in ihr Leben markiert eine totale Zäsur. Kein Stein ist auf dem anderen geblieben. Nicht nur der Alltag hat sich radikal verändert, sondern auch ihr Denken und Fühlen, die eigene Stellung in der Welt. Das Bild, das sie von sich selbst hatte. Vom Verhältnis der Geschlechter. Ihre Vorstellung davon, was eine gute Partnerschaft ist und in welchem Verhältnis sie zu einer Liebesbeziehung steht. Überhaupt: Was als Liebe gelten darf. Die Rolle, die Sorge im Leben spielt. Was das Menschsein ausmacht. Langsam entfaltet sich Einsicht, dass die Welt auch eine andere sein könnte, wenn man beobachtet, wie Kinder sie kennenlernen, sich an ihr freuen, sie ihnen geheimnisvoll ist.

Ein Kind zu haben verändert auf unumkehrbare Weise. Man kann zwar noch dieselben Dinge tun wie davor, aber nie mehr auf dieselbe Art wie vorher. Der Wiener Gynäkologe hatte, das weiß sie jetzt, nicht recht, als er einige Zeit nach der Entbindung, als die Verzweiflung schon in ihr hochstieg, meinte, dass sie sich mit Kind keineswegs verlieren würde. Dass sie dieselbe bliebe und obendrein noch etwas anderes hinzukäme. Es stimmt: Viel, sehr viel, ist hinzugekommen; aber nein, dieselbe ist sie nicht geblieben. Sie ist eine andere geworden, und auch Verluste waren zu verzeichnen. Diese Einsicht trübt ihr Glück nicht, das sie endlich über ihr Kind empfinden kann, aber sie besteht eben doch nach wie vor. Und sie findet es richtig, daran festzuhalten. Daran zu erinnern, dass Kinderkriegen und Kinderhaben keine Kleinigkeit ist und keine Selbstverständlichkeit. Nichts, was sich dem eigenen Leben notwendigerweise glatt und sanft anschmiegen muss.

Angesichts dieses gewaltigen Einschnitts findet sie es wiederum nicht überraschend, dass sie krank wurde. Krank, weil die Totalität dieser Umwälzung sie überforderte. Weil sich zu viel in zu kurzer Zeit änderte. Wie soll das ohne Verletzung, ohne Trauma gehen, so ganz plötzlich eine Andere zu werden? Viele, sehr viele Menschen können das, das weiß sie, aber für sich selbst scheint es ihr auch im Rückblick unmöglich, diese radikale und plötzliche Veränderung einfach so mitzumachen, ohne Panik, ohne Abschiedsschmerz von der Frau, die sie einmal war, ohne Angst vor dem Unbekannten. Aus dieser Perspektive kommt ihr die Depression eigentlich wie eine ganz angemessene Reaktion vor, stehen sich das Pathologische und das Normale nicht ganz so streng gegenüber wie sonst. Von da aus kann sie Verständnis entwickeln für die Frau, die diese Seiten geschrieben hat, die sie gerade vor sich hat. Sie kann sich erinnern, dass sie das war.

*

Sie liest und denkt an die anderen Menschen, die ihre Geschichte lesen werden. Versucht, mit den Augen der Anderen sich selbst zu lesen. Mit dem Rotstift sitzt sie da und will lange Passagen streichen: die vom Rauchen während der Stillzeit, die über die Babyklappe, den Teil über den ersten Termin bei der Psychiaterin – sie ist ihr dankbar und möchte nicht, dass sie Schlechtes über sich selbst lesen muss, und sei es nur, dass sie ihr unfrisiert vorkam und ihre Praxis eiskalt –, und so viele andere auch. Sie hat Angst vor den Reaktionen. Schon sie selbst muss sich schamvoll winden, wenn sie liest, wie lieblos sie war, wie gefangen und kühl (nicht absichtlich zwar, das weiß sie jetzt, sie war krank, aber das macht diese Krankheit eben auch: dem Erkrankten selbst die Schuld geben), wie sollte es dann den Anderen gehen? Die Geschichte funktioniert doch auch ohne die paar Absätze, will sie sich einreden, so wichtig sind die nicht.

Doch, es sind genau diese Kleinigkeiten, an denen sich die Krankheit zeigt, nicht die große, dramatische Traurigkeit. Der verschobene Blick, die unbewussten Abwehrreaktionen, die lächerlichen Gesten des Widerstands gegen diese fürchterliche Situation, von der man meint, sie wäre das ganze Leben.

Sie lässt alles so stehen. Sie möchte ehrlich erzählen, was sie erlebt hat, und sie möchte – so naiv dieser Wunsch vielleicht auch ist –, dass die Lektüre hilft. Dass das Tabu Postpartale Depression irgendwann keines mehr ist. Dass Menschen, die ihre Geschichte – und die ihrer Freundin – lesen, erkennen, dass es einen Ausweg gibt. Dass sie sich Hilfe suchen dürfen und können. Dass eine Postpartale Depression sehr gut therapierbar ist und extrem hohe Genesungsraten zu verzeichnen sind.

Den Text, der nun von ihr liegt, ausgelesen, war für sie selbst wichtig. Seine Entstehung hat den Weg aus der Depression geebnet. Mit seiner Produktion hat sie sich die Geschichtlichkeit zurückerobert, aus der sie gefallen war. Aber er wurde auch für andere geschrieben, um geteilte Erfahrungen zu ermöglichen und den Diskurs über eine immer noch tabuisierte Krankheit zu intensivieren, die so viele Gebärende betrifft, die aber nach wie vor verniedlichend zum ausgedehnten *Baby Blues* verkleinert wird.

*

Aber eigentlich hat sie dieses Buch nur für einen Leser geschrieben.

Es ist kaum ein Jahr her, seit er erkannt hat, dass das Kind im Spiegel ER SELBST ist, und mit tapsigen Handbewegungen versucht hat, den kleinen roten Aufkleber, den sie auf seiner Stirn angebracht hatte, wegzuwischen. Einige Zeit danach begann er, Ich zu sagen. Aber trotzdem ist er noch lange nicht der, der er sein wird, wenn er diese Zeilen liest – falls er sie denn lesen wird. Wen wird diese Flaschenpost, als die sie ihren Text während der Lektüre immer mehr begreift, erreichen? Sie hat die Geschichte ihres gemeinsamen Anfangs in die Zukunft hineingeschrieben, für einen späteren Leser. Für ihren Sohn.

Sie hofft auf sein Verständnis und darauf, dass er ihr nicht allzu viel anlastet. Hofft, dass er verstehen wird, dass sie ihre Liebe zu ihm erst entwickeln musste. Dass sie aber nicht irgendwann mit großer Verspätung da angekommen ist, wo die »Normalen« immer schon waren (seit dem ersten Atemzug des Kindes oder schon davor), sondern dass sie *gegen* diese normalen, normierenden und normalisierenden Vorstellungen, was eine Mutter zu sein hat, dahin gekommen ist. Dass es ein langer Kampf war, den sie führen musste, und dass es ihr unendlich leidtut, dass er ihn schon in seinen ersten Lebensmonaten mit ihr hatte kämpfen müssen.

Aber das Wichtigste ist, dass er keinerlei Zweifel an ihrer Liebe zu ihm haben wird. Nicht den Hauch eines Bedenkens, ob nicht doch etwas zurückgeblieben sein könnte, eine Einschränkung, ein Defizit. Das muss sie schaffen, das muss sie ihm vermitteln.

Alle zur Verfügung stehenden Superlative möchte sie verwenden, damit der Leser, der dieses Kind, das gerade im Zimmer nebenan schläft, einmal sein wird, auch nur ja keinen Funken Unsicherheit spüren wird bezüglich der Größe, der Tiefe, der Ausdehnung ihrer Liebe.

Noch während sie verschiedene Formulierungen überlegt, nehmen ihre Finger auf der Tastatur andere Wege, springt auf rätselhafte Weise das S zum I um, wird das I zum C, das E zum H, wird das SIE wieder zum ICH und das ER zum DU, wie von alleine, mit zwingender Kraft.

Der Wechsel von der dritten in die erste Person geht mit einem letzten Wechsel vom Lesen zum Schreiben einher, und endlich kann sie es sagen:

Ich liebe dich, mein Sohn, mehr als alles Andere auf dieser Welt. Dass du hier bist, mein Kind, und dass du so bist, wie du bist, ist mein größtes Glück.

LITERATURNACHWEISE

LEIDEN AN DER GESELLSCHAFT

S. 70 Alle genannten Zahlen, Daten sowie Angaben zu Symptomatik und Therapie der Postpartalen Depression stammen aus folgenden Quellen: Ging, Ankica: Postpartale Depression. Symptomatik, Prävention, Therapie. In: Gynäkologie 1/2016, 14–18; Spremberg, Verena Elisabeth: Postpartale depressive Störung: Häufigkeit und Zusammenhänge mit soziodemographischen und psychosozialen Faktoren – Literaturübersicht und empirische Untersuchung. Dissertation der Medizinischen Fakultät der Rheinischen Friedrich-Wilhelms-Universität Bonn, Bonn 2010; AN/HR: Biomarker für Risiko von Wochenbett-Depression. In: https://www.mpg.de/biomarker-fuer-risiko-von-wochenbett-depression, zuletzt aufgerufen am 24.10.2023. Hamilton, James Alexander/Harberger, Patricia Neel: Postpartum Psychiatric Illness. A Picture Puzzle. Philadelphia 2016; Wisner, Katherine/Moses-Kolko, Eydie L./Sit, Dorothy K. Y.: Postpartum Depression. A Disorder in search of a definition. In: Archives of women's mental health 13/2010, 37–40.

S. 73 Angaben zur Geschichte der Depression folgen dem kursorischen Überblick von Dietrich von Engelhardt: Depressionen. Melancholie in der Medizin- und Kulturgeschichte. In: Pharmazeutische Zeitung 14/2007, https://www.pharmazeutische-zeitung.de/ausgabe-142007/melancholie-in-der-medizin-und-kulturgeschichte/, zuletzt aufgerufen am 24.10.2023.

MUTTER NATUR

S. 89 Die Zitate, die sich auf *HypnoBirthing* beziehen, stammen aus: Marie F. Mongan: HypnoBirthing. Der natürliche Weg zu einer sicheren, sanften und leichten Geburt. Murnau 2019.

S. 93 Silvia Bovenschen: Der Umbau am Menschen. In: Dies.: Schlimmer machen, schlimmer lachen. Frankfurt/Main 2009, 310–314, hier 312.

S. 96 Nicola Schmidt: artgerecht – Das andere Baby-Buch. München 2015.

S. 96 Die Zitate, die sich auf *artgerecht – Das andere Baby-Buch* beziehen, stammen aus: https://nicolaschmidt.de/blog/details/artgerecht-das-andere-babybuch, zuletzt aufgerufen am 26.8.2021.

S. 96 Philippe Ariès: Geschichte der Kindheit (1960), München 1975.

S. 98 Ferdinand Tönnies: Gemeinschaft und Gesellschaft. Leipzig 1887.

S. 99 Die Zitate stammen aus: https://www.artgerecht-projekt.de, zuletzt aufgerufen am 24.10.2023, und https://nicolaschmidt.de, zuletzt aufgerufen am 24.10.2023.

S. 99 Vgl. etwa Sabine Haring: Der Neue Mensch im Nationalsozialismus und Sowjetkommunismus. In: APuZ, hrsg. von der Bundeszentrale für Politische Bildung, https://www.bpb.de/shop/zeitschriften/apuz/233462/der-neue-mensch-im-nationalsozialismus-und-sowjetkommunismus/, zuletzt aufgerufen am 24.10.2023.

S. 99 Michael Wildt: ›Volksgemeinschaft‹. In: Bundeszentrale für politische Bildung (Hg.): Informationen zur politischen Bildung 314/2012, Nationalsozialismus: Aufstieg und Herrschaft. https://www.bpb.de/izpb/137211/volksgemeinschaft?p=all, zuletzt aufgerufen am 24.10.2023.

S. 100 Nora Imlau: Falsche Freunde, 22.9.2020 auf: https://www.nora-imlau.de/falsche-freunde, zuletzt aufgerufen am 24.10.2023.

S. 102 Londa Schiebinger: Woher die Säugetiere ihren Namen haben. In: Dies.: Am Busen der Natur. Erkenntnis und Geschlecht in den Anfängen der Wissenschaft [1993]. Stuttgart 1995, 67–113.

S. 103 Jacques-Alain Miller: Sacrosanct Depression, in: Lacanian Ink 31/2008, zitiert nach Catherine-Olivia Moser: Postpartale Depression und ›weibliche Identität‹. Psychoanalytischer Perspektiven auf Mutterschaft, Bielefeld 2018, 16.

S.103 Sigmund Freud: Trauer und Melancholie (1917/[1915]). In: Psychologie des Unbewußten, Studienausgabe, Band III, 193–212, hier 194 (Editorische Vorbemerkung).

DIE ERFINDUNG DER MUTTERLIEBE

S.135 Gabriel von Max an Ernst Haeckel, Brief vom 13.2.1894, zitiert nach https://thue.museum-digital.de/object/1515, zuletzt aufgerufen am 24.10.2023.
S.138 John R. Horner, Robert Makela: Nest of juveniles provides evidence of family structure among dinosaurs. In: Nature 282/1979, 296–298.
S.139 Élisabeth Badinter: Die Mutterliebe. Die Geschichte eines Gefühls vom 17. Jahrhundert bis heute. Piper (München) 1981 [1980].

INHALT